# 나는 왜 춤을 추는가

**일러두기**

● 이 책은 저자의 박사 논문에서 학술적인 부분을 많이 덜어낸 것으로, 독자가 읽기 쉽도록 저자의 체험을 중심으로 다시 기술하였다.
● 이 책은 나답게 살고자 하는 욕망의 실현 과정을 '십우도(十牛圖)'를 따라가며 그린다. 저자가 춤을 통해 자신을 돌아보고 들여다보고 바라보며, 나를 찾아 행복하게 살고자 하는 과정을 담았다.
● 이 책에 나오는 '심화도(尋花圖)'는 저자가 직접 그린 것이다. '십우도(十牛圖)'에서 동자가 깨달음을 얻기 위해 소를 찾았듯, 저자는 깨달음의 본성을 꽃으로 보고 소 대신 꽃을 찾아가는 이야기를 10단계로 표현하였다.

# 나는 왜 춤을 추는가

이유나 지음

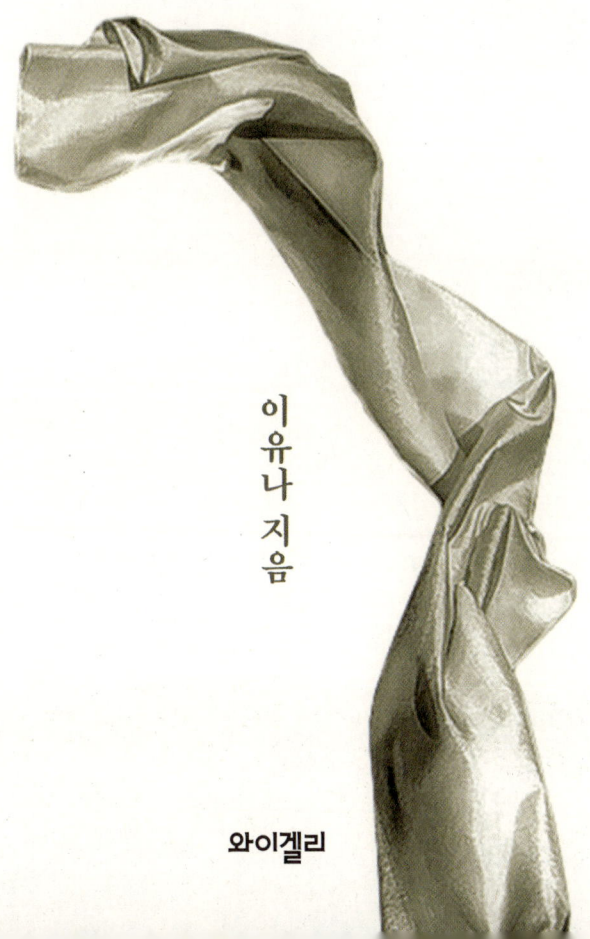

와이겔리

나는 세상에 춤을 나누며

즐겁고 행복하게 춤을 춘다.

춤은 사랑이며

나는 영원한 생명을 얻었다.

## 들어가며

 그것은 죽음보다 더 깊은 늪이었다. 차라리 죽음이라면 순간의 고통이 있을지라도 받아들이고 잊을 수 있겠지만, 살아서 겪는 고통은 죽음보다 더 힘든 나락의 늪이었다. 절정의 때에 붉음을 안고 지상으로 낙화한 동백이 나임을 알았고, 그 동백이 다시 지상에서 붉게 피는 것을 보고서 이 책을 쓰고자 하는 욕망의 심지에 불을 붙였다.

 한창 젊음을 자랑해야 할 시기에 찾아온 병은 나를 지옥보다 더한 나락으로 추락하게 했고, 긴 투병의 터널을 지나야 했다. 오직 평범한 일상으로 복귀하고 싶다는 욕망이 그 긴 기간 동안 나를 견디게 했다. 그 욕망의 중심에는 춤이 있었다. 춤은 나의 본성이고 '참나[我]'이며 전부였다. 춤을 추지 못하는 삶은 살아있어도 살아

있는 것이 아니라는 것을 알았다. 춤을 출 수 없는 고통은 절정의 순간에 떨어진 낙화의 고통이었음을 알기에 지상에서 붉은 꽃으로 피고 싶었다. 눈물과 고통으로 가득한 재활의 시간을 보내고 나는 다시 무대에 올랐다. 나를 일으켜 세운 것은 바로 춤이었다. 나는 춤을 통해 나의 욕망과 감정을 온전히 풀어냈고 땅 위에서 붉은 꽃이 되었다. 춤은 나에게 삶이자 깨달음이었다.

나는 이 고통과 부활의 과정을 거치면서 도대체 춤이 무엇이기에 나를 죽게 하고 살게 하였는지 의문이 생겼다. 그래서 '나는 왜 춤을 추는가'라는 주제를 가지고 고민하기 시작했다. 이 책은 나의 춤을 향한 몸부림과 흐느낌의 과정, 즉 나를 바닥에서 끌어 올린 춤 이야기를 불교의 십우도(十牛圖)를 빌려 풀어낸 것이다.

"나답게 살고 싶은 마음이 절실하니 마음의 생각이 몸을 떠나지 않는다. 마음의 생각이 몸을 떠나지 않으니 나다운 내가 지켜진다." 나는 조중빈의 『자명대학(自明大學)』에 나오는 말을 화두 삼았다. 동자가 소를 찾듯 나는 춤을 '참나', '본성'으로 삼아 나만의 소를 찾아 나선 것이다. 나를 죽음으로 몰고 간 것도 춤이었고, 죽음보다 더한 나락에서 나를 건진 것도 춤이다. 춤은 이번 생에서 내가 찾고 돌아가야 할 나만의 본향(本鄕)이었다.

동자가 소를 찾아 깨달음을 얻었듯이 나도 나만의 소인 춤을 통해 깨달음을 얻고자 했다. 하여 동자가 소를 찾는 십우도의 길을 따라 걸었다. 십우도는 다양한 형태가 있다. 이 책에서는 곽암(廓庵) 선사의 송(頌)과 자원 스님의 서(序)를 대상으로 삼아 소를 찾아 나섰다. 다만 곽암의 십우도 대신 정서흘 화백의 십우도를 넣었고, 소 대신 나를 꽃으로 보고 꽃을 찾는 심화도(尋花圖)를 필자가 직접 그려 넣었다. 그리하여 책의 구성과 흐름은 곽암 십우도의 순서를 따르되 정서흘 화백이 새롭게 그린 십우도와 필자가 직접 그린 심화도가 나란히 단계적으로 전개된다.

나를 찾아 떠나는 내 여행길의 이정표는 십우도(十牛圖)와 심화도(尋花圖)다. 힘들고 고된 길이지만 누군가가 이미 걸었던 길이기에 용기를 낼 수 있었다. 이 먼 길에 조중빈의 『자명대학』, 『자동중용』, 『안심논어』, 편상범의 『나를 찾는 도덕경』이 힘이 되어주었다.

십우도는 소를 잃어버린 동자가 소를 찾아 길들여 함께 집으로 돌아오는 과정을 10개의 그림으로 표현한 것이다. 각각의 그림은 동자가 소를 찾는 심우(尋牛), 소 발자국을 발견한 견적(見跡), 동자가 멀리서 소를 발견한 견우(見牛), 소를 붙잡아서 막 고삐를 끼는 득우(得牛), 거친 소가 저절로 가야 할 길을 가도록 길들이는 목우(牧牛), 소를 타고 고향으로 돌아오는 기우귀가(騎牛歸家), 집에 돌아와 소를 버리고 나를 찾는 망우존인(忘牛存人), 소도 나도 모두 잊어버리는 인우구망(人牛俱忘), 번뇌가 없는 참된 지혜를 얻는 반본환원(返本還源), 많은 사람이 있는 곳으로 가서 중생을 제도하는 입전수수(入鄽垂手)를 말한다. 이 긴 여정을 나는 나의 소인 춤을 통해 풀어냈다.

내가 십우도에서 가장 중요하게 생각하는 것은 입전수수(入鄽垂手)다. 누구나 자신의 소가 있다. 그런데 그 소를 찾아 혼자 깨달음을 얻으면 무슨 즐거움이 있겠는가. 깨달음을 얻었다면 세상과 두루두루 나누어야 한다. 나는 깨달음인 춤을 함께하기 위해 누구나 쉽게 따라 할 수 있는 '몸 다스림'을 만들었다.

한국무용을 토대로 만든 춤 체조인 몸 다스림은 모두 10단계로 이루어져 있다. 몸 다스림을 하면 몸과 마음의 고른 상태를 유지하게 되며 스트레스 해소, 우울증 극복, 치매 예방, 균형 감각 증진, 근육 단련 등의 효과를 기대할 수 있다. 이와 같은 일반적인 효과에 더해 나를 알게 되고, 나를 깨닫게 되는 효과가 있다. 나는 아름다운 존재이고 소중한 존재임을 깨달아 나를 사랑하는 마음이 온몸에 가득하게 된다.

10단계의 몸 다스림은 자연의 순리에 따라 꽃의 일생을 그린 것이지만, 모든 생명체의 일생을 그린 것이기도 하다. 몸 다스림은 꽃이 피고 지는 과정을 겪은 후 열매를 세상에 퍼뜨리는 것으로 마무리된다. 그 각각의 단계는 '씨뿌리기 → 싹틔우기 → 새잎나기 → 가지뻗기 → 꽃눈뜨기 → 꽃잎열기 → 활짝피기 → 꽃잎지기 → 열매맺기 → 퍼뜨리기'다.

  나는 주위 사람들과 좋은 것을 함께 나누는 것이 즐거움이며 곧 행복이라고 생각한다. '나는 왜 춤을 추는가'라는 물음에 스스로 답을 한다. 춤은 나의 소, 나의 본성(本性)이자 신앙이며 예배다.

  나는 세상에 춤을 나누며 즐겁고 행복하게 춤을 춘다. 춤은 사랑이며 나는 영원한 생명을 얻었다.

2024년 8월

이유나

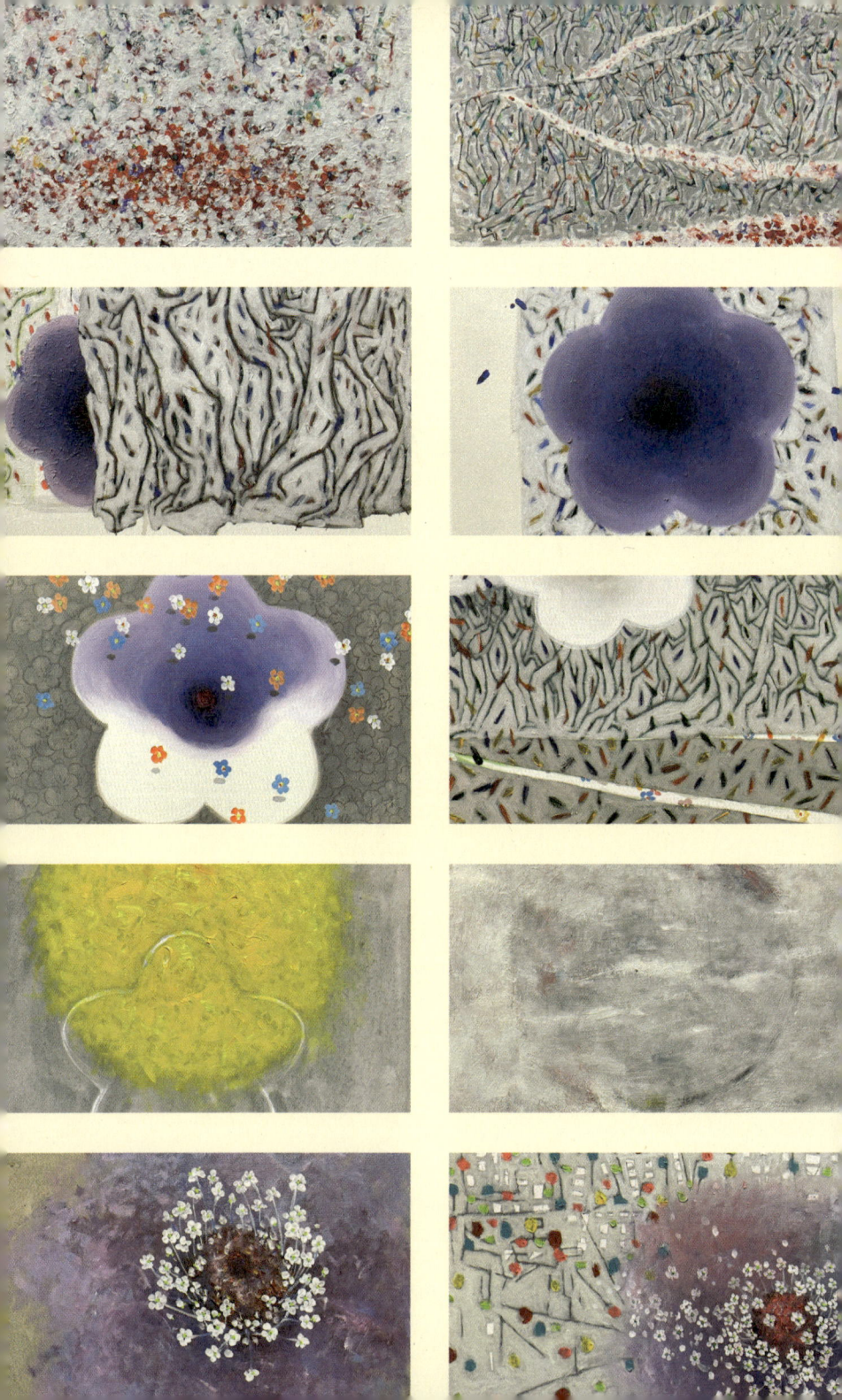

**차례**

들어가며 • 7

## 제1장 내 마음이 어디 있을까

### 심우(尋牛), 소를 찾다
나의 소는 무엇인가 • 19
내가 찾은 나의 소, 춤 • 26

### 견적(見跡), 소의 발자국을 보다
참나를 찾다 • 40
나의 소, 춤이란 무엇인가 • 48
군자의 길, 나의 길 • 57

## 제2장 내 소를 꿈꾸다

### 견우(見牛), 소를 보다
견성(見性)의 첫 체험 • 67
이수자를 꿈꾸다 • 73
춤 이야기 • 77
승무의 아름다움 • 87

### 득우(得牛), 소를 얻다
견성(見性)을 알아차리다 • 93
춤의 탐·진·치(貪·瞋·痴) • 105
이수자가 되다 • 108

제3장 깨달음의 경지를 묻다

### 목우(牧牛), 소를 기르다
에고가 얻은 나 • 115

춤의 코뚜레를 뚫어라 • 122

사랑의 길 • 128

### 기우귀가(騎牛歸家), 소를 타고 집으로 돌아가다
정신과 영혼의 성숙 • 134

구멍 없는 본성의 소리를 듣다 • 140

코뚜레도 버려라 • 144

### 망우존인(忘牛存人), 소를 잊고 나만 남다
나와 소는 둘이 아니다 • 148

내 춤의 아버지, 나의 소 • 156

내 영혼의 슬픈 눈 • 161

### 인우구망(人牛俱忘), 소도 사람도 잊다
낯선 나, 낯익은 나 • 167

모두가 꿈이다 • 176

제4장 지금 여기 머물기

**반본환원(返本還源), 근원으로 돌아가다**

이 세상을 그대로 ・183

다시 살다 ・190

아름다움과 지혜 ・193

인간은 왜 춤을 추는가 ・198

**입전수수(入廛垂手), 세상 속으로 들어가다**

시정(市井)으로 들어가다 ・201

나만의 삼락(三樂) ・212

춤을 나누다 ・218


나오며 ・236

참고 문헌 ・243

제1장

내 마음이
어디 있을까

# 심우(尋牛), 소를 찾다

## 나의 소는 무엇인가

심우(尋牛), 소를 찾는 것이다. 여기서 소는 무엇인가. 소는 나의 마음, 내 생의 목표, 춤의 마루다. 소를 찾는 데는 우선 내가 소를 잃었다는 것을 아는 것이 중요하다. 내가 잃어버렸던 소를 찾는 것은 나의 본성을 찾는 것이다. 세상을 살면서 미혹과 유혹에 빠져 잃어버린 소를 찾는 길이 바로 심우다. 심우는 소를 찾아 나서는 것이다.

십우도(十牛圖)의 제1도 심우(尋牛)는 소를 찾아 나서는 것이다. 곽암(廓庵)* 선사의 『십우도송(十牛圖頌)』**에 자원 스님은 심우의 서(序)를 이렇게 적고 있다.

從來不失, 何用追尋.
由背覺以成疎, 在向塵而遂失.
家山漸遠, 岐路俄差.
得失熾然, 是非鋒起.

애초에 잃어버리지 않았는데, 어찌 찾을 필요가 있겠는가.
깨달음을 등져서 멀어지게 되었고, 티끌세상 향하다 마침내 잃어버렸다.
고향에서 점차 멀어져, 갈림길에서 문득 어긋났다.
얻고 잃음의 불길이 타오르니, 옳고 그름의 칼끝도 일어난다.

자원의 말대로 어쩌면 나는 원래 잃어버린 것이 없었는지 모른다. 잃어버린 것이 없는데도 나는 찾아 헤맸다. 깨달음을 등진 까닭에 멀어졌고, 마침내 티끌세상의 헛된 욕심으로 인해 잃어버렸다.

---

● 곽암 선사는 대수 원정(大隨 元靜) 스님의 법사(法嗣)로 임제 선사의 12대 법손이다. 현존본 십우도에는 자원이란 사람의 총서(總序)가 있는데, 이에 의하면 곽암 선사가 지은 것은 제목(題目)과 송(頌)과 도(圖)이고, 서(序)는 자원이 이 책을 편찬하며 지은 것이라고 한다.
●● 곽암의『십우도송(十牛圖頌)』은 선의 요체를 게송과 선화(禪畫)로 표현한 선종의 대표적인 저술이다. 잃어버린 소를 찾는다는 뜻에서 심우도송(尋牛圖頌)이라고도 하고, 소를 길들인다는 의미에서 목우도송(牧牛圖頌)이라고도 한다.

정서홀, 〈십우도(十牛圖) 중 심우(尋牛)〉, 2024.

이제 나는 다시 내 안에 있는 나의 소를 찾아야 한다. 나의 소를 찾아가는 길은 나를 찾는 길이다. 나의 소를 찾는 과정에서 내가 누구인지를 찾아야 한다. 나는 소를 찾고 나의 욕망인 '춤'을 통해 행복을 찾을 것이다.

『십우도송(十牛圖頌)』 중 심우(尋牛)의 송(頌)은 다음과 같다.

茫茫撥草去追尋,
水闊山遙路更深.

力盡神疲無處覓,

但聞楓樹晚蟬吟.

아득한 숲을 헤치며 찾아 나서니,
물 넓고 산 먼 데 갈 길은 더욱 깊구나.
몸도 마음도 피곤하고 찾을 길은 없는데,
단지 가을 숲 매미 울음만 들리네.

여기에서 말하고자 하는 소는 무엇인가? 소는 진실한 생명의 본성(本性)이며, 불성(佛性)이며, '참나'다. 나의 소를 찾아 나선 날의 마음도 그러했다. 소를 찾아 아득하고 아득한 숲을 헤치고 나아간다. 그런데 물은 넓고 산은 먼 데 길 또한 깊었다. 나의 몸과 마음은 피곤하고 소를 찾을 길이 없었다. 물은 넓고 산은 멀고, 매미 울음소리만 들려오는 산속에서 처량한 나는 아무것도 찾을 수 없었다.

필자는 십우도(十牛圖)의 그림을 직접 그린 심화도(尋花圖)를 통해 수행의 과정을 단계적으로 표현했다. 심화도는 나를 꽃으로 보고 나를 찾고 알아가는 과정을 소가 아닌 꽃으로 표현한 그림이다. 오른쪽 그림은 심화도 중 제1도인 심화(尋花)다.

이유나, 〈심화도(尋花圖) 중 심화(尋花) — 꽃이 눈처럼 내린다〉, 2024.

수행의 첫 단계는 꽃을 찾는 것이다. 나는 누구인가? 나는 꽃이다. 나의 꽃은 아직 대지에 잠들어 있다. 꽃은 가장 아름다운 순간을 기다리고 있다. 세상에 활짝 피기 위해 숨어있는 꽃을 찾아 나선다. 꽃은 원래부터 내 안에 있었기에 찾아 나설 것이 아님에도.

책을 준비하던 해 어느 봄날, 글을 쓰는 지인들과 함께 서천 동백정에 갔다. 동백정에는 동백이 붉게 절정으로 타오르고 있었다. 동백꽃을 보다가 동백나무 아래를 본 순간 나는 놀랐다. 동백나무 아래에도 절정의 동백꽃이 피었다. 절정의 시기에 동백꽃이 낙화하며 또 다른 '붉음'으로 하늘의 꽃이 다시 땅에 피어나고 있었다. 저렇게 절정의 순간 떨어진 동백이 지상에서 붉게 핀 것이다. 다시 붉게 핀 동백을 보면서 나는 온몸에 전율이 일었다.

동백이 나였고 내가 동백이었음을 나는 그날 알았다. 그랬다. 저렇게 나도 내 인생에서 절정의 순간에 온몸이 땅에 떨어졌다. 땅으로의 추락은 어떠한 예고도 없었다. 그렇기에 더 충격이 컸다.

지금도 선명하게 기억하는 그날 아침, 거울에 비친 나는 머리부터 발끝까지 온몸이 터지기 직전의 풍선 같았다. 나조차도 나를 알아볼 수 없는 기이한 모습이었다. 이마는 툭툭 튀어나왔고 눈은 뜰 수가 없을 정도였다. 얼굴을 비롯한 온몸이 퉁퉁 부었다. 한창 젊음과 아름다움을 자랑해도 부족할 절정의 나이에 나의 꽃은 나락에 떨어졌다. 붉은 동백처럼 가장 붉게 피어야 할 시기에 지옥과도 같은 나락으로 한없이 추락했다.

이것은 꿈도 상상도 아닌 현실이었다. 병원에 입원하여 검사한 결과 급성 신장병인 '미세변화신증후군'이라는 희귀한 병이었다. 그렇게 나의 길고 긴 병과의 투쟁이 시작되었다.

이 투쟁의 시간 동안 나를 지탱한 욕망은 '평범한 일상으로의 복귀'였다. 내가 다시 찾고 싶은 것은 돈도 명예도 권력도 아닌 그저 평범한 일상이었다. 병원에 입원하여 치료받으면서 나는 아무 일도 일어나지 않는 평범함이야말로 신의 위대한 축복이며 기적임을 알았다. 내 힘으로 밥을 먹고, 내 힘으로 먹은 음식을 소화하고, 내 힘으로 용변을 보고, 앉을 수 있고, 커피 한 잔 들고 걷는 것이 얼마나 감사한 것인지를 알게 되었다.

내가 원하는 평범한 일상의 중심에는 춤이 있었다. 투병하는 동안 나를 가장 고통스럽게 하고 절망하게 한 것은 바로 춤을 출 수 없다는 사실이었다. 나는 내 안의 욕망을 온전히 세상에 풀어낸 것이 춤이었음을 깨달았다. 그런데 내 안에서 뜨겁게 타오르는 격정을 내 손짓, 발짓으로 풀어내고, 그 신명을 관객과 함께 호흡하면서 소통하고 공감하며 감정을 느끼고 나누는 일은 꿈도 꿀 수 없었다.

춤을 출 수 없다는 것은 생애 최대의 절망이었고, 삶의 모든 욕망을 앗아갔다. 나에게는 살아갈 아무런 이유가 없었다. 퇴원 후 다시 긴 재활의 시간이 고통스럽게 남아 있었다. 어둠의 긴 터널에는 한 줄기 빛조차 없었다. 어둡고 어두운 긴 그 터널에서 나는 좌절하였고 울고 또 울었다. 평범한 일상생활조차 버겁던 나에게 빛이 되어준 것은 역설적으로 나의 모든 희망을 앗아간 춤추는 것에 대한 새로운 욕망이었다.

동백꽃이 절정의 순간에 지상으로 떨어졌으나 다시 지상에서 새로운 꽃밭을 이루었듯 나도 다시 피고 싶어졌다. 그래서 나는 걷기 시작했다. 나의 한 걸음은 오로지 춤을 추기 위한 것이었다. 나는 손을 들었다. 나의 손짓은 오직 춤을 다시 추고 싶은 나의 간절함이었다. 눈물과 고통으로 점철된 긴 재활과 고통의 시간이 흐르고 나서야 나의 손과 발이 나의 욕망과 감정을 표현하게 되었다. 그렇게 나는 다시 무대에 섰다. 긴 투병의 시간이 지난 후 무대에 서서 나의 욕망과 감동을 온전히 풀어냈고 지상에는 꽃이 피었다.

어릴 때부터 그저 좋아서 추었던 춤은 나의 나무에서 꽃으로 피었다가 절정의 시간에 낙화로 졌으나, 다시 춤의 힘으로 화려하게 부활했다. 비록 한 송이 붉은 꽃송이일 따름이지만, 이 한 송이 꽃에 나의 모든 우주가 담겼다. 그렇게 춤은 나의 삶이자 죽음이며 내 전부가 되었다.

### 내가 찾은 나의 소, 춤

나는 이렇게 나의 소를 찾았다. 춤이 대체 무엇이기에 춤의 매력에 빠져 내 삶의 전부가 됐는지 궁금해졌다. 그래서 나는 나에게 물었다. 나는 왜 춤을 추는가.

나는 이 물음의 답을 찾아 길을 떠난다. 마치 처음 선을 닦는 동자가 본성(本性)의 소를 찾기 위해 산중을 헤매다가 도를 깨달아 이상향에 도달하게 된 것처럼, 십우도(十牛圖)*의 과정을 알게 되면서 나의 춤도 내가 찾아야 할 나만의 이상향이었음을 알게 되었다.

십우도란 마음을 소에 비유하여 마음을 닦아가는 과정을 열 폭의 그림으로 표현한 것인데, 강조하고자 하는 바에 따라 심우도

(尋牛圖), 목우도(牧牛圖), 사우도(四牛圖), 육우도(六牛圖), 팔우도(八牛圖), 십우도(十牛圖), 십이우도(十二牛圖) 등으로도 불린다.

목우도(牧牛圖)는 '마음(=소)을 길들인다'라는 뜻을 강조한 말이고, 심우도(尋牛圖)는 '본래의 마음(=소)을 찾아간다'라는 뜻을 강조한 것이다. 즉, 목우도는 현행하는 마음의 작용을 알아차리고 마음의 구조를 이해하여 원하는 바에 따라 제대로 사용한다는 의미라고 하면, 심우도(尋牛圖)는 청정한 마음의 본성을 찾아간다는 의미라고 할 수 있다.●●

이 책에서는 동자가 소를 찾는 심우(尋牛), 소 발자국을 발견한 견적(見跡), 동자가 멀리서 소를 발견한 견우(見牛), 소를 붙잡아서 막 고삐를 끼는 득우(得牛), 거친 소가 저절로 가야 할 길을 가도록 길들이는 목우(牧牛), 소를 타고 고향으로 돌아오는 기우귀가(騎牛歸家), 집에 돌아와 소를 버리고 나를 찾는 망우존인(忘牛存人), 소도 나도 모두 잊어버리는 인우구망(人牛俱忘), 번뇌가 없는 참된 지혜를 얻는 반본환원(返本還源), 많은 사람이 있는 곳으로 가서 중

---

● 선종에서는 본래 청정한 성품의 마음이자 증득해야 하는 본모습 혹은 참된 자기를 '마음 소[心牛]'에 비유한다. 깨달음의 과정을 잃어버린 소를 찾아 길들인 후 풀피리를 불며 본래의 고향으로 돌아오는 여정에 비유하는데, 이를 10단계로 나누어 선적인 그림으로 알기 쉽게 설명한 것이 십우도(十牛圖)이다. 십우도는 본래 도교의 팔우도(八牛圖)에서 유래했는데, 12세기 중엽 중국 송나라 때 곽암 선사가 두 개의 장면을 추가하여 심우도(尋牛圖)를 그렸다. 여기서 심우는 마음의 소를 찾는다는 의미로 '찾을 심(尋)' 자를 쓰는데, 심우에서 입전수수까지 열 단계 구도의 과정으로 되어있어 '십우도'라고도 부른다.
●● 배민지, 「廓庵 尋牛圖의 成立過程과 圖像 硏究」, 위덕대학교 대학원 석사 학위 논문(2016), pp. 2~3.

생을 제도하는 입전수수(入廛垂手)에 맞추어 춤을 통해 나를 찾는 긴 여정을 풀어낸다.

어쩌면 춤은 선의 세계에 도달하기 위한 것인지도 모른다. 불교적 의미의 선(禪)은 여러 의미로 해석된다.

선(禪)은 고요히 생각하거나[靜慮(정려)], 생각으로 닦음[思惟修(사유수)]을 의미하며, 산스크리트어 '디야나(dhyana)'를 음역한 말이다. 인도에서 시작된 선이 6세기 초, 보리달마를 통해 중국으로 전해지면서 노장(老莊)과 유가 사상, 중국의 세계관과 인생관의 특징을 융합한 선으로 변하게 된다. '디야나'는 한국에서 '선', 중국에서는 '찬(chan)', 일본에서는 '젠(zen)'으로 발음되었다. 선은 '문자에 얽매이지 않음', '고정관념의 타파', 그리고 '대상화하지 않음'과 '경계에 머무르지 않음'을 그 본질로 한다.●

선의 핵심은 무엇일까. 그것은 교외별전(敎外別傳), 불립문자(不立文字), 견성성불(見性成佛), 직지인심(直指人心)이라는 말들로 불리는데, 결국 최종 목표는 누구나 원래 가지고 있던 자신의 본 성품인 '참나'를 찾는 것이다. 불교로 보면 성불이요, 기독교로 보면 구원이며, 도교로 보면 등선(登仙)이다.

선의 기원은 무엇일까? 우리는 흔히 염화시중(拈華示衆)의 미소를 떠올린다. 말하지 않고도 마음을 전하는 일이다.

---

● 채형식, 「마음 치유에 선시가 미치는 영향」, 동방대학원대학교 박사 학위 논문(2014), p. 17.

한 송이 연꽃을 들어 올린 부처님의 마음을 제자 마하가섭이 미소로 알아차렸음을 표현한 사건이 곧 선의 출발이라 할 수 있다. 그래서 부처님과 마하가섭의 마음이 통하는 이심전심(以心傳心)은 선의 기원이요 핵심이라 할 수 있다. 이러한 선의 궁극적인 목표는 누구나 원래부터 가지고 있는 '본 성품'을 찾는 것, 즉 성불이다.•

나의 춤추기는 나의 소를 찾는 긴 여정이다. 내가 찾는 곳에 '참나', '성불', '구원', '등선'이 있을지는 아무도 모른다. 조중빈의 『자명대학(自明大學)』에 나오는 "나답게 살고 싶은 마음이 절실하니 마음의 생각이 몸을 떠나지 않는다. 마음의 생각이 몸을 떠나지 않으니 나다운 내가 지켜진다"라는 말은 내내 나의 화두(話頭)••였으며, 나는 이 화두를 붙들고 용맹정진해 왔다. 그리고 그 정진의 과정을 불교의 십우도 이야기를 빌려 여기에 기술하고자 한다.

나를 죽음의 상태까지 몰고 갔던 것도 춤이었고 나를 살렸던 것도 춤이었기에 춤은 이번 생에서 내가 나를 찾아야 할 본향(本鄕)이다. 선을 닦는 동자가 소를 통해 자신만의 깨달음의 세계에 도달한 것처럼 나는 내게서 춤의 의미를 찾는 과정을 십우도에 따라 전개한다. 십우도는 전술한 바와 같이 다양한 형태가 존재하나 이 책에서는 곽암이 그린 그림의 제목과 송(頌), 그리고 자원의 서(序)를

---

• 백원기, 『선시의 이해와 마음 치유』(도서출판 동인, 2014), p. 12.
•• 참선 수행자가 깨달음을 얻기 위하여 참구(參究, 참선하여 진리를 찾음)하는 문제를 가리키는 불교 용어.

대상으로 삼고자 한다.

십우도에 나타난 마음의 변화라는 관점에서 여러 연구가 진행되었다. 십우도는 소를 잃어버린 목자(牧者)가 소를 다시 찾아 길들임으로써 소와 내가 하나 됨을 실현하는 과정이다. 이는 인간 본래의 참된 나를 찾아 자각하는 모습을 나타낸다.

십우도에 나타난 불교적 상징성과 마음의 변화를 정리하면서 아래와 같이 나만의 의미를 부여하고자 한다.

### 제1도 심우(尋牛)

수행의 1단계는 잃었던 소를 찾는 것이다. 곽암에게 있어서 소는 화두와 같은 의미일 것이다. 진여자성(眞如自性)의 자리를 그는 소로 상징하였다. 소는 실로 밖에서나 안에서 구해지는 것이 아니다. 원래 잃은 것이 아니기에 찾아 나설 일이 아니다. 곽암의 '심우(尋牛)'라는 구도(求道)의 시작은 안으로 향하여 득실(得失)을 넘어선 것이다. 홀연히 깨달음을 얻어 본래의 자리로 환원하려는 것이다.

### 제2도 견적(見跡)

제2도의 견적은 발자국을 발견하는 것이다. 발자국은 교(敎)나 경전(經典)과 밀접한 관련이 있다. 그래서 선(禪)을 배우려고 경전도 읽고 설법도 듣고 여러 방면으로 연구해 보고, 먼저 배운 여러 선학(先學)을 찾아가 가르침도 받는다. 하여 선(禪)도 알고 수행의 방법도 알지만, 단지 앎을 벗어나지 못하고 발자국을 발견한 단계에 지나지 않는다.

### 제3도 견우(見牛)

제3도는 소를 발견한 것이다. 소를 발견한 것은 구체적으로는 참된 자아를 발견한 것이다. 전체를 다 발견한 것은 아니나 처음으로 참된 자기의 모습을 살짝 엿보게 된다. 소를 보는 것은 참된 자기를 보는 것이다. 마음과 대상이 하나가 되어 이전의 자기를 뒤집고 마음이 소의 진성(眞性)을 발견하게 되는 과정이다.

### 제4도 득우(得牛)

제4도 득우는 소를 얻는 것이다. 소를 보기만 할 것이 아니라 고삐를 단단하게 붙잡아야 한다. '참나'는 원래 내 안에 있었다. 태어나면서 '참나'인 소를 가지고 있었으나 어디에 있었는지도 모르고 있다가 이제야 소를 발견하고 소를 만났다. 원래 내 안에 있던 나의 소였기에 출산의 과정을 거쳐 소를 얻은 것이다. 이렇게 얻은 나의 소이기에 나는 늘 깨닫고 지키는 자세를 잊지 말아야 한다.

### 제5도 목우(牧牛)

제5도 목우는 십우도의 핵심이다. 이미 내 안에 있던 소를 찾은 것이나 소를 길들이고 길러야 한다. 늘 깨닫고 지키기 위한 끊임없는 사랑이 필요하다. 돈오(頓悟)의 경지는 시간과 공간으로 제한

되지 않는다. 이 깨달음은 이미 끝도 경계도 없어 몸을 떠나지 않는 나의 마음이 깨달음을 따라 살아가는 단계다.

### 제6도 기우귀가(騎牛歸家)

제6도 기우귀가는 소를 자기 것으로 하여 이제 소를 타고 집으로 돌아가는 단계다. 이미 소를 길들였기에 채찍질할 필요도 없다. 무심한 내가 무심한 소의 등에 타서 집으로 돌아온다. 잡념도 갈등도 모두 사라진 상태다. 망상과 번뇌가 사라진 세계다. 세상 곳곳이 모두 나의 집이고 어느 곳이든 집이 아닌 곳이 없다. 이것이 기우귀가의 단계다.

### 제7도 망우존인(忘牛存人)

제7도 망우존인은 소는 잊고 사람만 남는 단계다. 즉 본래의 자아로 돌아간다는 것이다. 사실 깨우침도 본래의 자아로 돌아가기 위한 수단이다. 이제 진정한 자아를 찾았기에 방편을 잊어버린다. 강을 건넜기에 나룻배에서 내려와야 한다. 참된 자기를 발견했다는 의식이 사라진 상태가 바로 망우존인의 단계다.

### 제8도 인우구망(人牛俱忘)

제8도 인우구망은 사람도 소도 모두 헛된 것임을 깨닫게 되는 단계다. '내가 무엇이다'라는 의식조차 지우게 되는 상태가 바로 인우구망의 단계다. 주인과 객이 분리되기 이전인 무아(無我)의 상태를 알게 되는 단계다. 시작도 끝도 없고 생성과 소멸도 없는 궁극의 경지다.

### 제9도 반본환원(返本環源)

제9도 반본환원은 있는 대로의 세계를 깨닫는 단계다. '산은 산이고 물은 물이며(山是山 水是水)', '산은 푸르고 꽃은 예쁘다'라는 경지를 말한다. 원래 있는 그대로의 참된 지혜를 알게 된다. 보는 세계와 보이는 세계가 하나가 된다. 이 단계는 깨달음을 얻어 부처가 되기 직전의 상태이며, 그저 가만히 있어도 온전함을 느끼는 상태를 말한다.

### 제10도 입전수수(入廛垂手)

제10도 입전수수는 거리로 나아가 중생을 제도한다는 말이다. 뭇 중생들이 있는 거리로 나아가 손을 드리우고 그들을 구제하는 단계다. 깨달음의 경지마저 잊어버리는 상태다. 깨달음을 깨달음으로 그치지 않고 일상으로 돌아와 중생들과 살아가며 그들을 돕는 것이 바로 이 단계다. 해탈의 경지이자 깨달음을 추구하는 이상적인 상태라 할 수 있다.

이 책을 준비하면서 조중빈의 『자명대학』을 읽다가 첫 문장에 눈길이 쏠렸다.

大學之道 在明明德 在親民 在止於至善.●

　대인이 학문하는 방법은 '나'라는 존재가 내 감정의 진실을 밝히고, '나'라는 존재가 나답게 [행복하게] 살고 싶어 하는 백성의 기분을 살리고, '나'라는 존재가 이 좋은 데 머무는 것이다.●●

　나는 여기에서 특히 명덕(明德)과 명(明)에 주목한다.

　나는 내 밝은 덕[明德, 붉으락푸르락하는 변덕스러운 감정]을 보듬어 안는다. 그렇다고 귀에 들리고 눈에 보이는 것[시청각]을 대수롭게 여기는 것은 아니다.●●●

　명명덕(明明德)은 늘 흔들리고 갈등하고 조바심하는 나의 감정을 보듬어 안는 것임을 깨닫는다. 나의 공부는 명덕(明德)을 다시 명(明)하는 명명덕(明明德) 함에 있음을 알게 되었다.

　조중빈은 명(明)에 대하여 이렇게 말한다.

───────

● 『大學』, 經.
●● 조중빈 역·설, 『자명대학』(부크크, 2021), p. 18.
●●● 조중빈 역·설, 위의 책, p. 77.

이렇게 보면 명명덕(明明德)의 앞에 있는 명(明)은 동사로서 '밝힌다'를 뜻한다. 무엇을 밝히는 것인가 하면 밖[시청각 세계]으로 드러나는 내 감정[明德, 붉으락푸르락하는 변덕스러운 감정＝七情] 속에 있는 그 진면목[不顯惟德, 들리는 침묵의 세계='님의 침묵'＝靈感＝신의 섭리]을 꿰뚫어 봄으로써 그 감정[七情]의 진실[四端之心, 사랑의 몸부림]을 밝히는 것이다. 밝히는 방법은 그 속을 들여다보는 것이니까 명명덕(明明德)의 명(明)은 격물치지(格物致知)의 격[格, 속을 꿰뚫어 봄]과 같다.●

이제 나도 나의 명덕(明德)을 명명덕(明明德) 하기 위해 '밝힘'을 풀어내고자 한다. 나를 살리는 것은 '나'라는 존재의 감정의 진실을 밝히고, 내가 나답게 사는 것임을 깨닫는다. 내가 나답게 사는 것이 행복하게 사는 것이며, 내가 행복하게 사는 것은 춤을 통해 나의 감동과 욕망을 세상에 풀어내는 것이다. 이것이 내가 세상과 소통하는 것이고 나를 살리는 것이다.

세상의 누구라도 각자의 삶의 방식이 있다. 나만의 삶은 어떤 것일까. 나답게 사는 것은 무엇일까. 나답게 살기 위해 먼저 해야 할 일은 나를 아는 것이다. 공연하고 나서 희희낙락하던 과거의 나, 지옥 같은 긴 나락에 빠져 죽음과 같은 고통의 터널에서 힘들어하는 나도 모두 나였다. 이 모두를 외면하지 않고 끌어안는 것이 먼

---

● 조중빈 역·설, 『자명대학』(부크크, 2021), p. 81.

저여야 함을 나는 알았다.

『논어』에 '본립도생(本立道生)'이라는 말이 나온다. 이는 '근본을 세워야 길이 생긴다'는 말이다. 문제는 여기서 세워야 하는 본(本)이 무엇이냐는 것이다. 조중빈은 『안심논어』에서 이 본(本)을 나로 해석했다.

君子務本 本立而道生 孝弟也者 其爲仁之本與. •

군자는 근본[나]에 힘쓰는 데 근본이 서야 도의가 산다[道(義)生, 길이 난다]. 부모에게 효도하고 동생을 사랑하는 것, 그것이 세상[사랑하기, 爲仁=義] 본[paradigm]이 아니겠는가?••

그렇다. 나도 나를 세워야 한다. 그래야 도의가 살고 길[道]이 생긴다. 내가 서야 부모에게 효도하고 동생도 사랑할 수 있다. 그것이 『논어』에서 말하는 세상 살아가기의 본(本)인 것이다. 그래서 나도 나를 다시 세상에 세우기 위해 내가 그토록 좋아하는 춤을 본으로 하여 근본(나)을 세우려 한다.

---

• 『論語』, 「學而」.
•• 조중빈 역·설, 『안심논어』(국민대학교 출판부, 2016), p. 34.

조중빈은 『자명대학』에서 '끌어안음'에 대하여 이렇게 말했다.

분노와 슬픔과 두려움이 들이닥칠 때 큰일 났다고 겁내고 도망치거나 뿌리치는 것이 아니라 보듬어 안는 것이 회명덕(懷明德)이다. 회명덕의 회(懷) 자는 분노와 슬픔과 두려움을 '나쁜 감정'이라 여겨 없애버리려 하지 않고, 또한 억누르거나 외면하지 않고 우선 품어 안는 것을 말한다. 이런 의미에서 회(懷) 자는 있는 것을 그대로 예우한다는 경(敬) 자와 같다. 거룩한 하늘의 감정[느낌]만 경(敬) 하는 것이 아니라 이 땅의 이 절실한 감정[喜怒愛懼]도 끌어안는 것이라고 해서 지경(持敬)이라고 따로 말한다.●

내가 그토록 좋아하는 춤을 출 수 없게 되었을 때 나는 분노했고 슬펐고 두려웠었다. 그리고 분노와 슬픔과 두려움에서 도망치며 원망했다. 긴 투병의 과정을 통해 나는 조중빈의 말대로 회명덕(懷明德) 할 수 있게 되었다. 억누르지도 외면하지도 않고 품어 안을 수 있게 되었다. 그 긴 '끌어안음'과 회생의 이야기를 '왜 춤을 추는가'를 주제로 풀어가고자 한다.

조중빈은 『자명대학』에서 스스로 이런 질문을 던진다.

---

● 조중빈 역·설, 『자명대학』(부크크, 2021), p. 85.

과거는 돌아보고

미래는 내다보고

현재는 들여다보고

나의 사랑은 □□본다. *

이런 질문에 대하여 조중빈은 이렇게 답한다.

이에 자문자답할 때 빈칸에 들어가는 말은 '바라'이다. 여기서 '바라본다'라는 것은 꿈꾸는 사람의 자세다. '꿈꾼다'는 '상상한다'도 되는데 이 상상[생각]은 '이상 상태'를 그리워하는 것이다. **

그러니까 '내 사랑은 바라본다'라고 했을 때 내 사랑이란 바로 '나'이다. 내가 '나'의 이상이다. 이런 나를 사랑하는 것이 곧 '나'를 욕망하는 것이라는 말이다. ***

이제 나도 스스로 질문을 던져본다. 나의 사랑은 □□본다. 나는 이 빈칸에 같은 답을 적는다. 사랑이 '나'인데 나는 나를 어떻게 바라보는 것이 좋을까. 나는 나를 바라보는 것을 '감정의 자기

---

● 조중빈 역·설, 위의 책, p. 89.
●● 조중빈 역·설, 위의 책, p. 89.
●●● 조중빈 역·설, 위의 책, p. 90.

이해'로 보려 한다. 내 감정을 제대로 이해하는 과정인 '감정의 자기 이해'는 나에게로 떠나는 여행이다. 차를 타고 이름 모를 지역을 지나가면 문득 저 멀리 외딴 길을 넘어 한 번도 가보지 못한 다른 세계가 나올 것 같은 생각이 들어 가슴이 설렌다. 그리고 우연히 찾게 된 강언덕에 서서 강너머를 보면, 나와 같은 이가 있을 것이란 생각에 손을 흔든다. 강너머에 있는 그 누구도 나를 향해 손을 흔들어 보일 것을 믿기에 말이다. 나를 찾아 떠나는 여행은 누군가의 지평선이 나의 수평선임을 알게 되는 아름다운 자기 이해를 낳는다. 늘 함께하고 싶은 사랑을 위하여 '참나'와 함께 가는 길은 여기에서 거기로 가는 길이며 거기가 바로 여기다. 늘 나답게 살기를 바라는 마음으로 나를 찾아 떠나는 여행이 나에게로 떠나는 여행임을 분명히 깨닫고자 한다.

나를 찾아 떠나는 내 여행길의 이정표는 곽암 선사가 그려준 이정표를 따라가는 길이다. 사막과도 같은 이 여행지에는 10개의 녹주(綠州/오아시스)가 있을 것임을 알기에 힘을 내본다. 이 멀고 힘든 여행의 길동무는 조중빈의 『자명대학』, 『자동중용』, 『안심논어』, 편상범의 『나를 찾는 도덕경』이 될 것이다. 이제 나의 '소'인 춤을 찾는 과정을 통해 진정한 나를 찾아 나의 본성을 찾는 길을 떠나고자 한다.

# 견적(見跡),
## 소의 발자국을
## 보다

### 참나를 찾다

　견적(見跡), 소를 찾아 나선 동자승은 소의 발자국을 본다. 견적이라는 말이 흔적을 보았다는 것이니 소의 발자국을 본 것이다. 동자승은 소의 발자국을 보며 자신의 갈 길을 찾았다. 이 발자국은 스승과 선인들의 발자취일 수도 있고, 자신이 걸어가야 할 길을 찾은 것일 수도 있다.
　이 소의 발자국은 어느 곳에나 있다. 길을 가다 멈춘 저 너머의 강변에도, 바쁘게 오가는 사람과 사람들이 북적대는 아우성 속에도, 어느 곳에나 있을 소의 발자국을 찾는 것은 내 안에 내재되어 있을지도 모를 '참나'를 찾기 위함이다.

십우도(十牛圖)의 제2도 견적(見跡)은 소의 발자국을 보는 것이다.『십우도송(十牛圖頌)』견적의 서(序)는 다음과 같다.

> 依經解義, 閱敎知蹤.
> 明衆器爲一金, 體萬物爲自己.
> 正邪不辨, 眞僞奚分.
> 未入斯門, 權爲見跡.

> 경전에 의지하여 뜻을 헤아리고, 가르침을 배워서 그 자취를 안다.
> 여러 그릇이 한가지로 금(金)인 것을 밝히고, 만물이 곧 자기임을 체득한다.
> 바름과 삿됨을 가려내지 못한다면, 어찌 참과 거짓을 분별할 수 있겠는가.
> 이 문에 아직 들어오지 못했으나, 방편으로 발자국을 본다고 한다.

나는 소의 발자국을 이제 발견했다. 그러나 아직은 경전에 의지해야 겨우 그 뜻을 이해하고 가르침을 배워야 자취를 아는 경지다. 아직 바름과 삿됨을 가려내지 못하고 참과 거짓도 분별하지 못한다. 깨달음의 경지에 도달하지 못하고 이제 겨우 소의 발자국을 본 것이다.

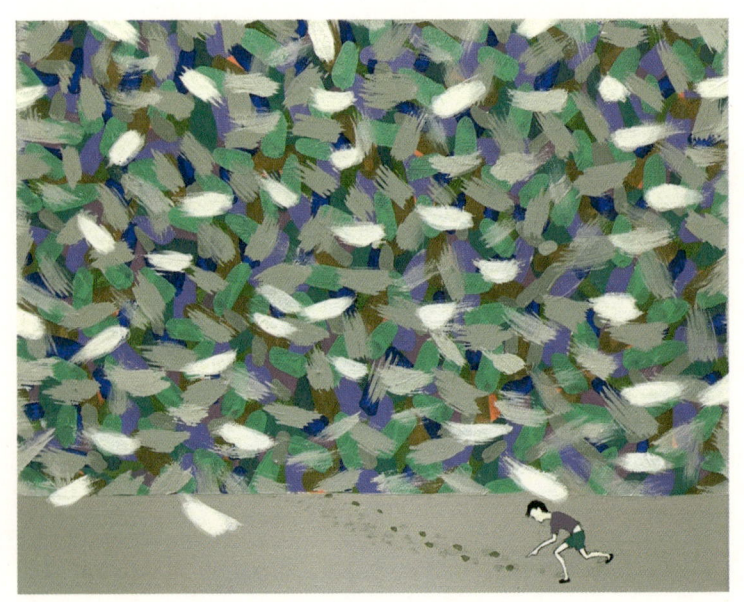

정서흘, 〈십우도(十牛圖) 중 견적(見跡)〉, 2024.

곽암 선사는 『십우도송(十牛圖頌)』에서 견적(見跡)을 이렇게 적고 있다.

　　水邊林下跡偏多,
　　芳草離披見也麽.
　　縱是深山更深處,
　　遼天鼻孔怎藏他.

　　물가 나무 아래 발자국 어지러우니,
　　방초를 헤치며 그대는 보았는가.
　　설사 깊은 산 깊은 곳에 있을지라도
　　하늘 향한 콧구멍을 어찌 숨기랴.

다음 그림은 필자의 심화도(尋花圖) 중 제2도 견적(見跡)이다.

이유나, 〈심화도(尋花圖) 중 견적(見跡)—꽃을 타고 오르네〉, 2024.

꽃을 찾아 길을 나선다. 한참을 헤매다 마치 자신을 발견해 주기를 바라듯 한 잎 두 잎 떨어진 꽃잎을 본다. 꽃잎을 따라 길을 걸어간다. 저 멀리 보이는 것은, 분명 꽃인가.

나는 소 발자국을 어떻게 발견했을까. 곽암의 『십우도송』에 "물가 수풀 아래 발자국이 널려 있고, 아름다운 풀꽃(방초)이 활짝 피어 있었다."라는 말처럼 내 안에 이미 춤이 있었다. 내 안에 있던 춤이 밖으로 나온 시기는 다섯 살 때였다. 나는 보자기를 이리 뿌리고 저리 던지며 놀고, 머리에 뒤집어쓴 채로 돌고 멈추기를 반복했다. 부모님께서는 나의 어린 시절 이야기를 하시며 그때부터 싹을 봤다고 말씀하셨다. 누가 그런 동작을 가르친 것도 아닌데 나는 그렇게 춤을 추었다고 한다. 내 안에 있는 춤의 흔적을 발견했는지도 모르겠다.

또 어느 날은 밥을 먹다가 젓가락을 양손에 들고 밥상을 때리며 장단을 치고 있더란다. 어린 시절이지만 나도 이 장면을 뚜렷하게 기억한다. 그런 나를 아버지는 호되게 야단쳤다. 군인 출신이었던 아버지는 집안에서 매우 엄격했다. 항상 바른 자세로 밥을 먹게 하였고, 짧은 치마도 입지 못하게 할 정도였다. 그리고 잘못한 일이 있으면 집에서 벌을 주곤 했다. 어린 시절에야 내가 춤추는 것을 그냥 재롱으로 생각했던 부모님이었지만 이후 전공으로 선택하자 말 그대로 난리가 났다. 춤은 단지 취미로 하고 대학 전공은 법학, 의학, 경제학 쪽으로 진학하기를 강요했다. 무용이 예술로 인정받지 못하고 천시되던 시절이었으니 강요의 압박은 더욱 컸다. 그런 아버지의 압박에 내 안의 무엇인가가 강하게 반발했다. 춤이 없는 내 삶은 아무런 의미가 없고, 춤이 없으면 나는 살아도 산 것이 아니라는 강력한 내 안의 소리를 들었다. 마침내 나는 가출을 감행했고 이듬해 내가 그토록 원했던 무용과에 입학했다. 그렇게 나의 소를 찾는 긴 여정이 시작됐다.

춤이 무엇이기에 나를 그렇게 춤의 세계에 빠지게 했을까. 춤은 예술이다. 인간은 왜 예술 활동을 할까. 모든 생명체의 최종 욕구인 종족 보존이나 개체 보존의 욕망으로 해석할 수 없는 다른 욕망이 있는 것이다. 여러 학자의 주장을 종합하면 인간이 예술 활동을 하는 목적은 자기표현이며, 이는 소통 활동으로 요약할 수 있다.

춤은 인류의 시작과 함께 발생하여 인간이 기본적인 삶을 누릴 수 있도록 큰 역할을 했다. 춤은 어떤 목적과 의식을 가지고 행하는 것이다. 춤은 인간만이 가지는 일정한 유형의 움직임이며 유일한 표현 수단이다. 춤은 단순히 우리 신체의 물리적 혹은 형태적 움직임만은 아니다.

춤은 외부의 자극이나 요구에 따라 하는 것이 아니다. 자기 존재를 확인하고 드러내려는 본능적 욕망에 의한 자발적 활동이다. 아기는 누구의 가르침이 없어도 스스로 움직이며 작은 도구라도 주어지면 그것을 이용하여 무언가를 만들고 꾸미며 논다. 이것이 바로 인간이 가진 본능이다. 이러한 본능적인 자기표현 활동을 통해 인간은 즐거움을 느끼며 살아있다는 기쁨을 누린다. 이렇게 즐거움을 느끼며 살아있다는 기쁨을 누리고자 하는 본능을 바로 인간의 예술 활동의 시작으로 볼 수 있다.

춤은 종교다. 인간이 예술 활동을 하는 중요한 이유 중 하나는 바로 기원이다. 기원은 다른 의미로 해석하면 개체의 안전과 행복에 대한 욕망의 표출이며 안녕을 바라는 기도하는 마음이다. 인류가 이 땅에서 살아온 긴 세월 동안 삶의 터전인 자연은 늘 안전하고 안락하지 않았다. 기후는 가뭄과 홍수 등으로 변화무쌍했고, 사나운 동물들은 인간을 위협했다. 이러한 자연환경에서 살아야 하는 인간은 생명에 대한 안전과 생존을 위한 조건을 찾았다. 그러면서 자연스럽게 자연이 풍요롭고 자비롭고 안전하기를 기원했다. 이런 마음을 신체와 도구를 활용하여 표현한 것이 지금도 세계 여러 지역에서 발견되고 있다. 암각화, 동굴벽화, 조형물 등은 다른 사람에게 보여주기 위한 작품이 아니라 위대한 힘을 가진 어떤 존재에게 행해진 일종의 주술적 행위이며 깊은 신앙의 표현이었다. 이러한 주술 활동이 유희본능과 함께 예술의 기원이 되었다.

유희본능이나 주술 활동은 외부 세계를 향한 인간의 자아표현이다. 이러한 자아표현의 시작은 미분화된 상태로 혼재된 원시종합예술(Ballad Dance)*의 형태였다.

이는 고대인의 제천의식과도 관련이 있다. 제천의식은 하늘에 제사를 지내는 의식으로 고대인은 집단 가무 형태로 의식을 행했다. 기록에 의하면 고구려의 동맹, 예의 무천, 부여의 영고와 같은 제천의식이 있었다. 사람들은 이러한 의식을 통해 구성체의 단합, 안전과 풍요 등을 기원했다. 이 의식을 행할 때 함께 즐긴 노래와 춤과 이야기가 바로 원시종합예술의 형태로 예술의 기원이라 볼 수 있다.

---

* 시, 음악, 무용이 분화되지 않고 노래와 춤, 음악이 종합적으로 나타나는 예술.

대표적인 고대가요인 〈영신군가(迎神君歌)〉*는 임금을 맞이하기 위한 민중의 노래다. 동시에 이는 주술성(呪術性)을 지닌 무가적(巫歌的) 성격의 서사시다. 이 무렵의 예술은 노래와 춤이 한데 어우러진 형태다. 시, 가, 무(詩歌舞)의 양식이 각각 분화되기 이전의 형태인 '원시종합예술'로 존재했다.

## 나의 소, 춤이란 무엇인가

춤이 무엇인지에 관한 논의는 동서양의 고전에서 다양하게 거론된다. 『시경(詩經)』의 대서(大序)에는 춤을 '무답(舞踏)'이라고 적고 있다. 마음속에 있는 생각을 말이나 노래로 표현할 수 없을 때 자기도 모르는 사이에 손발이 움직여 말이나 노래로 다 표현되지 못한 것을 나타내는 것이 바로 춤이다.

사실 우리 조상들은 시가와 음악과 무용을 종합예술 형태로 즐겨왔다. 『삼국지』「위서」예전(濊傳)에는 "늘 10월이 되면 하늘에 제사하고 밤낮으로 술을 마시고 노래 부르고 춤을 추니 이름하여 '무천'이라 한다[祭天 晝夜飮酒歌舞 名之爲舞天]", "마한에서도 매양 5월과 10월에 많은 사람이 떼를 지어 노래 부르고 춤추고 술 마시되

---

● 龜何龜何 首其現也 若不現也 燔灼而喫也. 『삼국유사』 제2권 가락국(駕洛國) 시조 수로왕(首露王) 강림신화(降臨神話) 중의 삽입가요(插入歌謠)다. 4구체(四句體) 한역가(漢譯歌) 형태이다.

밤낮을 쉬지 않았다[群聚歌舞飮酒 晝夜不休]"라는 기록이 있다.

어쩌면 이렇게 가무음주(歌舞飮酒)를 즐기는 우리 조상의 DNA가 나의 내부에 도도하게 이어진 것인지도 모른다. 그렇기에 다섯 살 때부터 음주는 비록 못했지만 춤[舞]이 발현된 것이다. 그리고 이 춤 때문에 병의 깊은 나락에 떨어졌고, 춤 덕분에 나락에서 벗어나 세상에 나를 다시 세우게 되었다.

춤이 무엇이기에 이토록 동서고금을 막론하고 많은 이를 춤추게 하고 감동을 주었을까 궁금해진다. 이를 위해 먼저 '춤'이라는 말의 어원을 살펴보기로 한다. 춤의 어원은 『두시언해(杜詩諺解)』와 『월인석보(月印釋譜)』에 나타난다. "如意를 자바셔 춤 츠고[提携如意舞]"(『두시언해』), "모미 뮈는 둘 몰나 니러 춤 츠며"(『월인석보』)라는 구절에는 '츠다'라는 동사가 나온다. 이 동사에서 파생된 말이 '춤'이다. 이 '츠다'는 '날개나 꼬리 따위를 세차게 흔들다'라는 의미인 '치다'와 어원이 같다. 결국 춤은 새가 날개나 꼬리 따위를 세차게 흔드는 것같이 손발, 몸 따위를 흔드는 것이 된다.

춤은 한자로 무용(舞踊)이라 한다. '무(舞)'는 춤추는 모양을 나타내고, '용(踊)'은 뛰는 동작을 의미한다. 춤추는 모양을 나타내는 '舞(춤출 무)'는 하늘과 땅 사이에서 춤을 추는 사람을 의미한다. 이는 '巫(무당 무)'에서 유래한 글자다. 일본어의 '마우(舞う)'는 돈다는 의미와 어원이 같으며, 조용하고 완만한 동작을 말한다. '오도루(踊る)'는 힘차게 위아래로 움직임을 말한다.

춤출 무(舞) 갑골문자

위 그림은 춤출 무(舞) 자의 갑골문자다. 무당의 무(巫) 자와 춤출 무(舞) 자는 서로 관련이 있다.

무(巫)와 무(舞)의 관계를 분명히 하기 위해 무(舞)라는 글자를 풀이하여 보면 '무석지우(無夕之牛)'가 되는데 이는 '석양이 없는 소'를 의미하고, 석양이란 곧 죽음을 뜻하므로 '죽음이 없는 소'라는 뜻이 된다. 이를 선도(禪道) 사상으로 보았을 때 죽지 않는 소란 있을 수 없으므로 선가(禪家)의 생사일여사상(生死一如思想, 삶과 죽음을 하나로 보는 사상)과 도가(道家)의 생불생사불사사상(生不生死不死思想, 살아도 산 것이 아니고 죽어도 죽은 것이 아니라는 사상)과 통한다고 하겠다.●

우리의 무속신앙에서 샤먼은 하늘, 신, 초자연적인 존재의 중재자 역할을 하며 집단의 중심이 된다. 이러한 원시종교 체제가 샤

---

● 하진숙,「풍류도와 한국예술의 근원」, 부산대학교 대학원 석사 학위 논문(2001), p. 37.

머니즘(Shamanism)이고 한국에서는 무속신앙이 이에 해당한다. 춤은 우리의 무속신앙과 깊은 연관이 있다. 이 춤출 무(舞) 자의 '죽음이 없는 소'는 영원성(永遠性), 영생(永生)의 의미를 지닌다.

샤먼이란 원래 통구스어나 만주어의 '흥분(興奮)하는 사람, 춤추는 사람'을 의미한다.• 나는 여기서 '춤추는 사람'이라는 말에 주목한다. 샤먼은 춤추는 사람이니 무당 무(巫) 자와 춤출 무(舞) 자가 같은 뿌리라는 것은 의심의 여지가 없다.

'무(巫)'라는 글자를 분석하면 '공(工)' 자와 두 개의 '인(人)' 자로 구성되어 있음을 알 수 있다. '공(工)' 자는 다시 두 개의 '일(一)' 자와 그 사이를 연결하는 'ㅣ'로 구성되어 있다. 한민족이 지닌 천지인 삼재 사상을 흔히 '왕(王)' 자로 풀이한다. 즉 위에 있는 一은 하늘을 상징하고, 아래에 있는 一은 땅을 상징하며, 가운데 있는 一은 인간을 상징한다. 그리고 이것을 하나로 이어주는 ㅣ은 천지인이 ㅣ을 통해 이어진다는 솟대를 상징한다.••

이러한 '무(巫)' 자의 해석에 따르면 무속은 인간과 신이 하나가 되는 종교 의례이며, 무당은 신과 인간을 이어주는 중재자의 역할이다.

『설문해자(說文解字)』에서 '무(巫)'란 "여자로서 형태가 없는 것을 섬기고 춤을 통해 신을 내리게 하는 사람"이라 하였으며, 『주자

---
• 조흥윤, 『한국 巫의 세계』(민족사, 1997), pp. 22~25.
•• 하진숙, 위의 논문, p. 36.

어류』에서는 "신명을 다하여 춤을 추는 사람"이라 하였다.●

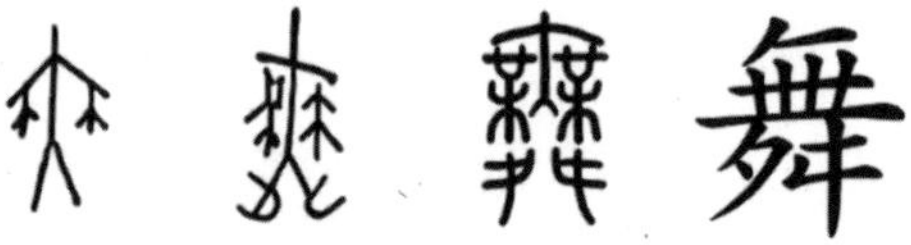

## 夨 羉 龗 舞

춤출 무(舞) 자의 변화 과정●●

위 그림에서 보듯이 무(舞) 자는 상형문자로 춤추는 사람의 모습을 형상화한 것이다. 그림의 왼쪽 글자는 갑골문자로 손을 흔들며 춤을 추는 모습이다. 두 번째 문자에서는 팔뿐만 아니라 다리를 흔들며 춤을 추고, 세 번째 글자인 전서로 가면 많은 사람이 모여 춤을 추는 형상을 나타낸다. 그러다가 우리가 알고 있는 해서체인 무(舞)로 완성되었는데 이 해서체에서 윗부분은 여러 사람이 손을 흔들며 춤을 추는 것이고, 아랫부분은 춤추는 다리의 모습을 나타낸 것이다.

인도유럽어족 언어도 비슷한 의미가 있다. 영어 'Dance'는 산스크리트어 'Tanha'가 어원이다. 이 말은 '생명의 욕구'를 뜻한다.

---

● 하진숙, 위의 논문, p. 36.
●● god text, "신이 내린 글", https://blog.naver.com/godtext/223192208990. (검색일: 2024. 2. 18.)

불어 'Danse', 독일어 'Tanz'는 모두 기쁨과 환희를 나타내는 율동이라는 의미다.

춤을 다르게 부르는 무도(舞蹈)라는 말의 어원은 "수지무지(手之舞之) 족지도지(足之蹈之)"에서 '수무족도(手舞足蹈)'라는 말이 나왔고, 여기서 다시 무(舞) 자와 도(蹈) 자를 따온 것이다.

『맹자(孟子)』에 "부지족지도지(不知足之蹈之) 수지무지(手之舞之)"•라는 말이 나온다. 이 말은 "자신도 모르는 사이에 발이 움직이고 손이 덩실거린다."••라는 뜻이다. 그리고 『예기(禮記)』「악기(樂記)」에 "차탄지부족 고부지 수지무지 족지도지(嗟歎之不足 故不知手之舞之 足之蹈之)"라는 말이 나온다. 이 말은 "탄복하고 한탄하여 고저의 음조(音調)가 나오는 것만으로는 부족하여, 나아가 손이 춤추고 발이 뜀을 알지 못하기에 이른다"라는 의미다.

『논어집주(論語集註)』「서설(序說)」에도 무도(舞蹈)라는 단어가 나온다.

> 程子曰 讀論語 有讀了全然無事者 有讀了後其中得一兩句喜者 有讀了後知好之者 有讀了後直有不知手之舞之足之蹈之者.

---

• 『孟子』,「離婁 上」.
•• 윤재근 편, 『孟子』(동학사, 1987), p. 1621.

필자의 춤추는 모습

정자가 말했다. "『논어(論語)』를 읽음에, 다 읽어도 전혀 아무런 일이 없는 자도 있으며, 다 읽은 뒤 그중 한두 구절을 터득하고 기뻐하는 자도 있으며, 다 읽은 뒤 알아서 좋아하는 자도 있으며, 다 읽은 뒤 바로 자기도 모르게 손으로 춤을 추고 발로 뛰는 자도 있다."●

여기에서 수무족도(手舞足蹈)는 매우 기뻐서 춤추는 모습을 말하며, 『논어집주(論語集註)』「서설(序說)」에서는 이것을 희열의 경

---

● 임헌규, 『논어 I』(도서출판 모시는 사람들, 2020), p. 58.

지라 말하고 있다.

여러 선현이 춤을 이리저리 정의하였으나 나는 춤을 '추어 올라 닿는 것'이라 정의한다. 춤은 닿는 순간의 울림을 느끼는 것이 소통과 공감이며 춤의 기운이다. 춤의 시제는 현재 진행형이다. 춤이라는 말 자체가 현재 진행되고 있는 것을 뜻한다. 그렇기에 멈추는 것 자체도 다른 형태의 춤이다. 춤은 하는 것이 아니고 저절로 추는 것이다.

공자도 이처럼 저절로 추는 춤과 일맥상통하는 말을 하고 있다.

子曰 述而不作, 信而好古, 竊比於我老彭.●

공자께서 말씀하셨다. 나는 서술하되 지어내지 않고, 옛것을 믿고 좋아하니, 가만히 우리 노팽에 비교해 본다.●●

위에서 공자가 옛일을 기록했을 뿐 지어내지 않았다는 '술이부작(述而不作)'처럼 춤도 일부러 만드는 것이 아니라 몸 따라 저절로 추는 것이다.

---

● 『論語』, 「述而」.
●● 김동인 외, 『논어집주대전』(도서출판 한울, 2010), p. 175.

춤을 말하면서 빼놓을 수 없는 것이 악(樂)이다. 제천의식에서 무(舞)는 악(樂)과 뗄 수 없는 관련이 있다. 춤을 통해 오르고 닿아 미치는 경지에 오르기 위해서는 춤만으로 부족할 때가 있다. 이를 도와주기 위한 것이 악(樂)이다.

음악이 왜 만들어졌는지에 관한 설은 많다. 단순하게 동물의 울음소리를 따라 했다는 설, 언어의 높낮이와 억양을 선명하게 표현하기 위해서라는 설, 노동할 때 힘이 드는 것을 막거나 보조를 맞추기 위해서라는 설 등이 있다. 그러나 춤을 추어본 필자의 입장은 조금 다르다.

동양 전통 철학에서는 우주의 원리와 자연 현상을 설명하는 기본 원리로 음양(陰陽)과 오행(五行)을 말한다. 음양오행(陰陽五行)은 우주의 모든 사물과 현상이 다섯 요소와 음양의 조화로 이루어져 있다고 보는 것이다. 무(舞)와 악(樂)은 동양 사상의 음양(陰陽)일 수도 있다. 동적인 무(舞)와 정적인 악(樂)이 하나가 될 때 춤이 완성된다. 우리가 아는 'music'의 어원인 그리스어 'musica'는 음악과 무용과 무대공연을 모두 아우르는 개념이다. 그 변천 과정을 보면 악(樂) 자는 악기와 악기를 거는 걸개[架, 시렁/횃대]를 나타내는 상형문자였다.

다음 그림을 보면 악기와 악기를 거는 걸개를 의미하는 상형문자의 변화를 쉽게 알 수 있다. 악(樂)의 의미와 형성 과정을 알게 된 이후 왜 내가 춤을 출 때 음악에 몰입되었는지를 알게 되었다. 이것은 이 책의 주제인 '나는 왜 춤을 추는가'를 밝히는 데 있어 중요한 부분이다.

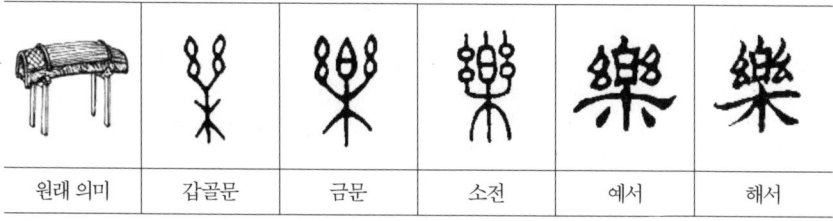

| 원래 의미 | 갑골문 | 금문 | 소전 | 예서 | 해서 |
| --- | --- | --- | --- | --- | --- |

풍류 악(樂) 자의 변화 과정●

무(舞)와 악(樂)은 원래 하나의 몸이었기에 하나만으로는 완전해질 수 없다. 음양은 원래 하나였기에 짝을 만나야 완전해진다. 양(陽)인 무(舞)를 행함에 음(陰)인 악(樂)을 만나야 완성할 수 있다. 잃었던 나의 짝인 음(陰)을 만나 비로소 음양(陰陽)이 하나가 될 때만이 지극한 경지에 오르고[上] 닿아[挨] 미치는[狂 또는 及] 것이다.

### 군자의 길, 나의 길

인류 역사를 보면, 세계 문명권에는 저마다 바람직한 이상형

---

● god text, "신이 내린 글", https://blog.naver.com/godtext/223216662316. (검색일: 2024. 2. 18.)

(理想型)으로 삼는 인물이 있다. 김재근은 각 문명권에서 이상형으로 삼는 인물에 관하여 다음과 같이 말한다.

> 이를테면 인도 문명은 바라문(Brahman)을 이상형으로 삼고, 서양 문명은 젠틀맨(gentleman)인 신사(紳士)를 이상형으로 삼고 있다. 인도 사회를 구성하는 네 계급(caste) 가운데 가장 높은 사제계급(司祭階級)인 바라문은 인도 사회의 문화와 도덕과 종교를 주도하는 중추 계급이었고, 유럽 상류사회의 남자들이었던 신사는 높은 기품(氣品)과 도덕, 폭넓은 교양과 예의를 강조하던 신사도(紳士道)의 수호자들이었다.●

그러면 동양에서의 이상형은 누구인가. 바로 성인군자(聖人君子)다. 성인과 군자를 합한 성인군자를 누구나 이상적으로 생각하고 본받아야 할 인물로 여겼다. 공자(孔子)는 성인군자에 관하여 『논어(論語)』에서 다음과 같이 말한다.

> 子曰 聖人吾不得而見之矣 得見君子者斯可矣.●●
>
> 공자께서 말씀하셨다. 성인은 내가 만나보지 못했으니, 군

---

● 김재근, 「맹자가 생각하는 군자」, 전주대학교 경영행정대학원 석사 학위 논문(2019), p. 32.
●● 『論語』, 「述而」.

자라도 만나보았으면 좋겠다.•

공자는 성인(聖人)은 만날 수 없기에 군자(君子)라도 만나고 싶다고 말한 것이다. 성인은 어떤 사람이고 군자는 어떤 사람일까. 주희(朱熹)는 성인과 군자의 차이에 관하여 이렇게 말한다.

聖人 神明不測之號 君子 才德出衆之名.••

성인(聖人)은 신령하여 헤아릴 수 없는 존재를 부르는 이름이다. 군자는 재주와 덕이 출중한 사람을 부르는 이름이다.•••

성인은 워낙 뛰어난 사람이라 만나보기도 어렵고, 군자는 재주와 덕성이 뛰어난 사람이라는 것이 주희의 주장이다. 성인은 만나기 어렵지만 그래도 군자는 기회가 있으면 만날 수 있는 사람이다. 공자는 다시 이런 말을 한다.

子曰 若聖與仁則吾豈敢 抑爲之不厭誨人不倦則可謂云爾

---

• 김동인 외 옮김, 『논어집주대전』(한울아카데미, 2010), p. 288.
•• 『論語』, 「述而」.
••• 김동인 외 옮김, 위의 책, p. 288.

已矣 公西華曰 正唯弟子不能學也.<sup>●</sup>

공자께서 말씀하셨다. 만약 성이나 인이라면 내가 어찌 감히 감당하겠느냐마는, 그러나 그것(성이나 인의 일)을 함에 싫증 내지 않고 사람들을 가르침에 게을리하지 않는 것이라면 그렇다고 할 수 있을 뿐이다. 공서화가 말했다. 바로 (그 점이) 제자들이 배울 수 없는 것입니다.<sup>●●</sup>

내가 걷고자 하는 그 길이 어쩌면 군자의 길일 수도 있다. 특히 동양 고전의 하나인『논어』는 군자 이야기로 시작해서 군자 이야기로 끝난다 해도 과언이 아니다. 그렇다면 군자는 어떤 사람을 말하는가. 군자(君子)는 군(君)과 자(子)를 합한 말이다. 후한 때 허신(許愼, 58~147경)이 편찬한『설문해자(說文解字)』에 하영삼이 역주한『완역 설문해자』에서 군(君)은 존귀한 존재로 윤(尹)과 구(口)가 합쳐져 임금이 앉아있는 모습을 그렸다.<sup>●●●</sup>

군(君) 자에서 윤(尹)은 지팡이( 丿 )를 손에 움켜쥐고(又) 있는 모습을 본떠 일을 장악한 사람이라는 말이다.<sup>●●●●</sup> 구(口)는 '입'이라는 뜻으로 명령과 권위의 상징이다.<sup>●●●●●</sup> 자(子)는 아이의 모습을

---

● 『論語』,「述而」.
●● 김동인 외 옮김,『논어집주대전』(한울아카데미, 2010), p. 317.
●●● 허신 저, 하영삼 역,『완역 설문해자』(도서출판3, 2022) p. 839.
●●●● 허신 저, 하영삼 역, 위의 책, p. 824.
●●●●● 허신 저, 하영삼 역, 위의 책, p. 339.

빌려 머리와 손발을 나타내는 글자로 사람을 가리키는 글자다.●

군자는 인간의 노력으로 도달할 수 없는 어렵고 힘든 경지가 아니라 보통의 인간이 부단한 노력을 통해 도달할 수 있는 것이다. 군자의 경지가 어쩌면 내가 찾는 소를 말할 수도 있을 것 같다는 생각이 든다. 군자는 사회의 지도층이면서도 문화의 창조자다. 군자는 인간이 도달할 수 없는 절대적 경지가 아니다. 무난하고 원만한 덕을 갖추고 자신이 맡은 일을 충실히 한다면 그 사람이 군자다. 그러니 내가 찾고 있는 소, 내가 발견하고자 하는 본성(本性)이 바로 군자일 수도 있다. 나의 소인 춤에서 절대적 경지가 아니더라도 부단한 노력으로 일정한 경지에 도달하고 나름의 문화적 창조를 할 수 있다면 이 또한 군자의 삶으로 부끄럽지 않을 것이다. 그러니 아직 나의 소를 찾지는 못했으나 나의 소를 군자로 보아도 아무런 무리가 없는 것이다.

군자가 사는 태도를 『논어(論語)』에서는 다음과 같이 말하고 있다.

君子 務本 本立 而道生 孝弟也者 其爲仁之本興.●●

---

● 허신 저, 하영삼 역, 위의 책, p. 4211.
●● 『論語』, 「學而」.

군자는 근본['나']에 힘쓰는데 근본이 서야 도의가 산다. 부
모에게 효도하고 동생을 사랑하는 것, 그것이 세상 사랑하기
의 본이 아니겠는가.\*

『논어』에서 말하는 군자의 의미를 살펴보면, 군자가 힘써 세워야 하는 본(本)을 조중빈은 '나'로 풀이한다. '나'를 바로 세워야 도의(道義)가 산다. 부모에게 효도하고 동생을 사랑하는 것이 세상 사랑하기의 근본이 된다고 말한다. 여기서 말하는 '나'는 바로 군자다. 무본(務本)은 '나'를 사랑하는 것이고 나답게 살려고 애쓰는 것이며 하늘같이 살려고 애쓰는 것이다.

플라톤의 『향연』에서는 무본(務本)에 관하여 이렇게 말한다.

모든 인간은 육체적으로나 정신적으로 임신하고 있어서 일정한 나이에 도달하면 그들의 본성상 그 임신한 것을 생산하고자 합니다. 그런데 그러한 생산은 추함 속에서는 결코 일어날 수 없고, 단지 아름다움 속에서만 일어날 수 있답니다. 사실 남자와 여자의 결합으로부터 어린이가 나오게 되는데 이러한 생산 작용은 신(神)적인 어떤 것이라 할 수 있지요. 그리고 가사적 존재인 생물에게 있어 이 신적인 것, 즉 임신과 출산은

---

\* 조중빈 역·설, 『안심논어』(국민대학교 출판부, 2016), p. 34.

불사(不死)적인 특성으로 내재해 있답니다. •

인간이 육체적으로나 정신적으로 임신하는 것은 영원히 살고 싶은 욕망 때문이라 할 수 있다. 이러한 욕망은 영원한 생명이 영원한 생명을 낳고 싶은 욕망이며 세상 모든 생명체의 마음[天地生物之心]이다. 임신한 것을 생산하고자 하는 것은 생명체의 욕망을 삶의 현장에서 실현하는 것이다. 모든 생물의 아름다움 속에서만 일어나는 생산은 신(神)적인 영역에 해당하며 불사(不死)의 특성이 내재되어 있다.

조중빈은 군자를 '예지자'요 '지혜자'로 보았다. 이 군자는 플라톤의 『향연』에서 말하는 '중간자'가 된다. 플라톤의 『향연』에서는 중간자에 관하여 다음과 같이 말한다.

> 지혜란 가장 아름다운 것 속에 있는 것이고, 에로스는 아름다운 것을 사랑하기 때문에, 에로스는 필연적으로 지혜를 사랑하는 자일 수밖에 없고, 지혜를 사랑하는 한 그는 지자와 무지한 자의 중간자가 되는 셈이지요. ••

---

• 플라톤 저, 박희영 역, 『향연』(문학과지성사, 2008), pp. 128~129.
•• 플라톤 저, 박희영 역, 위의 책, p. 122.

플라톤의 『향연』에서 지혜(phronesis)란 가장 아름다운 것 속에 있는 예지자(叡智者)며 성자(誠者)다. 지혜를 사랑하는 자가 바로 철학자요 군자며 사성자(四誠者)다. 에로스는 아름다운 것을 사랑하기에 지혜를 사랑하고, 지혜를 사랑하기에 그는 중간자가 된다. 그렇기에 군자는 에로스요, 에로스는 중간자며 내가 된다.

나는 에로스며 군자다. 군자는 본립(本立) 후 길이 생긴다[道生]. 본이 되는 '나'는 완전한 '나'이고 내가 이를 본받아야 한다. 그렇기에 자아실현을 욕망하게 된다. 이 자아실현의 욕망이 바로 나의 춤이며 소다. 나는 나의 소인 춤을 통하여 자아실현의 욕망을 추구한다. 나는 군자이니 지혜를 사랑하고, 지혜를 사랑하는 지자(智者)와 무지(無智)한 자의 중간자가 되는 것이다.

제2장

내 소를
꿈꾸다

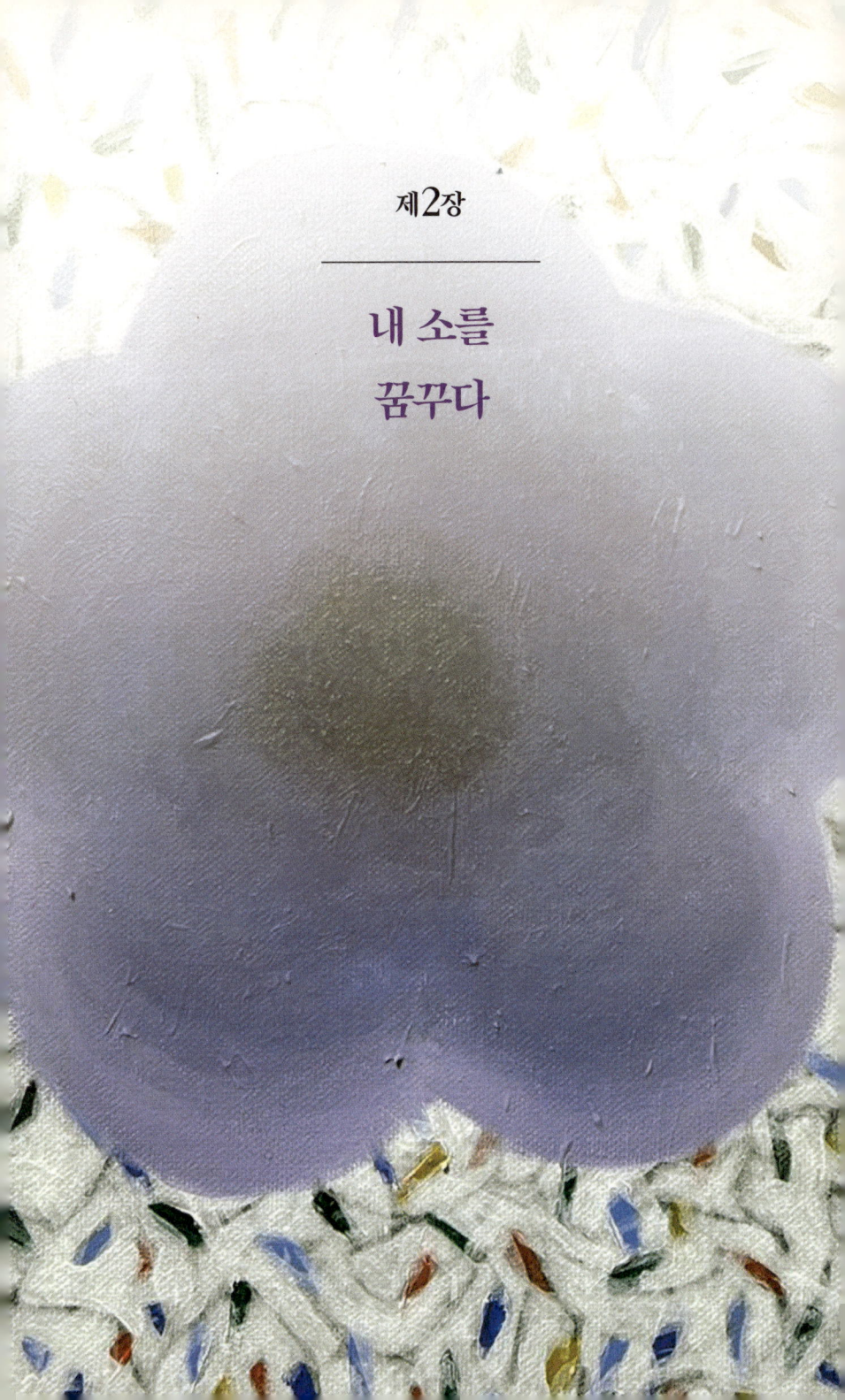

# 견우(見牛), 소를 보다

### 견성(見性)의 첫 체험

소를 찾아 나선 동자승은 심우(尋牛)와 견적(見跡)의 과정을 거쳐 드디어 소를 보게 된다. 견우(見牛)라는 말이 소를 보았다는 말이니 소를 보게 된 것이다. 즉 동자가 찾아온 소의 모습을 보게 된 것이다. 동자가 찾고자 했던 본성과 진리의 그림자를 멀리서 보게 된 것이다.

견우(見牛)는 소를 발견하는 것이다. 소는 나의 마음이요 내 생의 목표며 춤의 마루(꼭대기)에 오르는 것이다. 심우(尋牛), 나는 나의 소인 춤을 찾을 것을 결심하고 춤을 찾아 나섰다. 그리고 견적(見跡), 즉 내 춤의 발자국을 보게 되었다. 그러니 이제 소를 볼 때가 되었다.

내 소는 어디에 있을까. 어쩌면 소는 이미 내 마음속에 들어와 있었는지도 모른다. 다만 내가 그 소를 발견하지 못했을 뿐이다. 내가 찾고자 하는 소가 내 안에 있었기에 그 소의 그림자를 보게 된 것이다. 소가 밖에 있었다면 어떻게 내가 소를 볼 수 있었을까. 소는 늘 내 안에 있었기에 소를 보게 된 것이다. 내 안의 소를 보게 될 수 있는 원동력은 소를 보고자 하는 나의 마음이다. 내 안의 '참나'를 찾고자 하는 열정이 소를 찾아 나서게 한다.

소의 발자국만이 아니라 일부일지라도 소 그 자체를 보게 된 것이니 어찌 기쁘지 않을까. 나는 알게 되었다. 소가 나 자신이고 본래의 나와 보이는 내가 둘이 아니고 하나임을 알게 되었다. 이제 나는 발견한 소를 찾아 용기를 가지고 나의 길을 간다.

소를 본다는 것은 나를 본다는 것이다. 나를 본다는 것은 나의 흔적이나 그림자가 아닌 나의 본체를 본다는 것이다. 물론 아직 소의 본질에 도달하지 못했으나 소를 보았다는 것은 커다란 의미가 있다. 내가 가야 할 목표가 있음을 알게 되고 용맹정진할 수 있게 되었다. 내가 가야 할 길이 잘못된 길이 아님을 확신하고 주관적인 관점이지만 본성을 객관적으로 인식할 수 있게 된 것이 바로 견우(見牛)의 경지다.

십우도(十牛圖)의 제3도 견우(見牛)는 소를 보는 것이다. 『십우도송(十牛圖頌)』 견우의 서(序)는 다음과 같다.

從聲得入, 見處逢源.

六根門著著無差.

動用中頭頭顯露.

水中鹽味, 色裡膠靑,

眨上眉毛, 非是他物.


소리를 쫓아 들어가니, 보는 곳마다 근원을 마주친다.
여섯 기관의 문마다 어긋남이 없네.
움직이고 쓰는 가운데 낱낱이 드러난다.
물속의 짠맛이요, 물감 속의 아교인데,
눈썹을 치켜뜨고 바라봐도, 별다른 물건이 아니로다.


견우(見牛)의 경지는 소를 보는 것이다. 소리를 쫓아 안으로 들어가니 보이는 것이 다 근원이다. 눈으로 보고, 귀로 듣고, 코로 냄새 맡고, 혀로 맛보는 등 여섯 기관이 모두 어긋남이 없는 경지다. 이제야 소를 보게 되니 내가 찾는 나의 본성인 춤의 모습이 보는 대로 보이고 듣는 대로 들리는 경지에 이른다.

곽암 선사는『십우도송(十牛圖頌)』에서 견우(見牛)의 이러한 경지를 다음과 같이 적고 있다.

黃鶯枝上一聲聲,

정서흘, 〈십우도(十牛圖) 중 견우(見牛)〉, 2024.

日暖風和岸柳靑.

只此更無回避處,

森森頭角畵難成.


노란 꾀꼬리 나뭇가지 위에서 지저귀고,
따뜻한 햇살, 온화한 바람, 언덕의 버들은 푸르네.
더 이상 빠져나갈 곳이 다시 없으니,
우뚝한 쇠뿔은 그리기가 어렵구나.


견우(見牛)의 경지를 노래한 곽암은 "지저귀는 노란 꾀꼬리, 바람에 살랑거리는 푸른 버들"을 말하고 있다. 분명히 소를 보기는 했는데 내가 소를 보았다기보다는 소가 스스로 모습을 나타낸 것일 수도 있다. 그림을 보면 소가 꼬리만 보이고 몸체는 아직 드러나지 않고 있다. 그러니 아직은 '두각(頭角)'이 보이지 않는다.

나의 소가 뒷모습을 보인다. 이제 내가 갈 길은 나에게 뒷모습을 보인 저 소를 잡는 것이다. 소를 얻는 길은 아직도 멀고 멀다. 그래도 이제 소를 보았으니 소를 얻는 일을 멈출 수 없다. 득우(得牛), 소를 얻는 경지에 도달하기 위해서는 절차탁마(切磋琢磨)의 끊임없는 길을 걸어야 한다.

다음 그림은 필자의 심화도(尋花圖) 중 제3도 견화(見花)이다.

이유나, 〈심화도(尋花圖) 중 견화(見花)―보는 대로 빛을 발하는 꽃〉, 2024.

꽃을 찾아 나선 길에서 숨은 꽃을 보았다. 그 보랏빛 꽃은 나와 하나가 되어 내가 보는 대로 빛을 발한다. 너와 나는 오래 전부터 서로를 찾으며 이렇게 숨바꼭질을 해왔구나. 내가 찾은 것은 바로 너, 이제 나는 너와 내가 둘이 아닌 하나임을 알았다.

## 이수자를 꿈꾸다

내 소를 찾았으니 또 다른 경지를 향해 나아가야 한다. 소를 보았으나 그 소가 나의 마음대로 움직이는 것은 아니다. 그 소를 온전하게 내 것으로 만들기 위해서는 더 많은 산과 계단을 올라야 한다. 그래야 마루[宗]에 오를 수 있다. 마루는 모든 것의 꼭대기요, 우두머리요, 근원이요, 뛰어난 것이다. 마음이 앞선다고 어찌 한걸음에 마루에 도달할 수 있겠는가. 산에 와서 산의 정상을 보았다고 정상에 도달한 것은 아니기 때문이다.

그래서 나는 '이수자'라는 작은 고지 정복에 나선다. 이수자는 사전에 "해당 학문의 과정이나 과목을 순서대로 공부하여 마친 사람"이라고 간단하게 정의되어 있으나 현실은 그렇게 간단하지 않다. '이수자'라는 산의 정복 또한 그리 만만하지 않다. 이제 나의 춤 공부 이야기다.

우리 집은 양평에서도 청계산 끝자락에 있었다. 시내와 2~3도 차이가 나게 더 춥다. 추운 겨울 아침, 바람마저 부는 날에 집에서 일찍 나오는 것은 쉽지 않다. 더욱이 눈이라도 와서 길이 얼어붙은 날이면 가족 모두가 집 밖으로 나올 엄두를 내지 못한다. 그러나 춤 공부를 해야 하는 나는 집에서 머뭇거릴 수가 없다. 차가운 바람과 눈보라를 헤치고 서울에 가야 한다. 내가 원하는 마루[宗]가 보이는데 여기서 머뭇거릴 수는 없다. 눈이 많이 쌓인 날도 눈길을 헤치고 빙판을 달려 목숨을 걸고 서울을 향해 간다. 연습실에 이른

아침 7시에 간신히 도착한다.

서울에는 내가 그토록 존경하는 벽사 정재만 스승님이 계시기 때문이다. 벽사(碧史)는 나의 스승이신 정재만 선생님의 호(號)며, 정재만의 스승님이신 한영숙 선생님의 호(號)기도 하다. 스승님은 그 호(號)를 당신의 스승님이신 한영숙 스승님께 물려받았다고 하셨다. 정재만 스승님은 1948년 경기도 화성에서 태어나 2014년 향년 66세로 세상을 떠나셨다. 대한민국을 뜨겁게 달구었던 2002년 한일월드컵 전야제 안무를 총괄하였고, 같은 해 대구 유니버시아드 대회와 부산 아시안게임에서 무용 총감독직을 성공적으로 수행하였다. 특히 2000년에는 중요무형문화재 제27호 '승무' 예능 보유자로 인정받았다. 2007년에는 옥관문화훈장을 받았다. 벽사 정재만은 우리나라를 대표하는 훌륭한 무용가다.

내가 추는 춤은 국가무형문화재 제27호 승무이며, 벽사 정재만의 승무다. 벽사 선생님의 승무를 배우려고 매주 토요일 아침 7시부터 9시까지 우리는 승무를 춘다. 내가 기억하기로는 한 번도 빠진 적이 없다. 오로지 승무가 나의 마루였고 승무가 나의 연인이었고 승무가 나의 생이었다. 길을 걸으면서도 TV를 보면서도 심지어 잠을 자면서도 나는 승무를 생각했다. 승무만이 내가 사는 길이었다.

그렇게 벚꽃잎이 눈꽃처럼 날리는 봄이 가고, 뜨거운 열정의 태양이 불타는 여름도 갔다. 그리고 온 산하가 붉게 물든 아름다운 단풍의 가을과 온통 세상이 얼어붙고 눈보라가 몰아치는 겨울을 무려 열 번을 보냈다. 원래 이수자 자격시험을 볼 기회를 얻기 위해서는 정재만 스승님 아래서 10년을 배우고 나서 다시 3년의 전수 기간을 거쳐야 한다. 그리고 그 이수 시험에 합격해야 이수자가 된다.

이렇게 이수자의 작은 산을 오르는 과정은 험난했다. 바위를 넘고 나무를 돌아 온몸이 땀투성이가 되어야 했다. 그래도 어느덧 십여 년이 넘는 긴 세월이 흘렀고, 스승님은 드디어 나에게 이수 시험을 허락하셨다. 돌이켜보면 이러한 이수 시험의 허락은 다른 이들에 비해 이른 편이었다. 그만큼 인정을 받았다는 것이 기뻤고 감사했지만, 한편으로는 두려운 마음에 위축되기도 했다. 나는 스승님이 실망하지 않도록 발바닥에 물집이 잡히고 관절에 무리가 올 정도로 엄청난 연습을 했다.

여름 더위가 기승을 부리던 날이었다. 내가 개인 연습실에서 '승무'를 추는 것을 본 지인이 엄청난 에너지를 쏟아내는 연습에 감탄하며 "소 한 마리는 잡아먹어야 할 것 같다"라고 말했던 기억이 아직도 생생하다.

땀은 나를 배반하지 않았다. 연습에 연습을 거듭하고 나서 흘리는 땀은 나를 다시 눈뜨게 한다. 건조한 내 눈에 인공 눈물이 아닌 진정한 눈물을 만들어주었다. 나는 땀과 함께 펑펑 눈물을 흘리며 울기도 했다. 내 안에 있는 춤의 본능이 나의 동작을 따라 세상에 나왔다. 원래 숨어있던 것인지 아니면 연습을 통해 만들어진 것인지 구분이 되지 않았다. 온몸에 흘러내린 땀은 나를 달아오르게 했고 그 열기로 나는 더욱 연습에 연습을 더했다. 온몸을 쥐어짜듯

흘린 땀은 작은 물줄기를 이루며 흘렀다. 내 안의 모두를 다 흔들고 다 드러낸 홀가분함을 무엇으로 표현할 수 있을까.

　내가 발견한 나의 소를 찾아 그렇게 나의 산을 오르고 있었다. 아직 내 마음대로 통제되지는 않으나 나의 소를 보았기에 목숨마저 버릴 수도 있다고 생각했다.

　매주 반복되는 나의 춤은 우주의 신령에게 드리는 예배였다. 나는 충실한 신도가 되어 신령에게 진정으로 온 정성과 온 힘을 다해 예배를 드렸다. 새벽예배 드리듯 간절한 기도가 수련하는 나를 경건하게 만든다. 우주의 신령은 천지의 창조주 하나님이요 스스로 깨달아 깨달은 신이 된 부처였다. 나는 오로지 춤과 춤을 통한 기도와 간구로 간절하고 또 간절하게 온몸으로 예배를 올렸다. 그리고 기도와 간구는 지루하도록 반복되었다. 같은 동작을 반복하고 또 반복했다. 시간은 느리고도 빠르게 흘렀다.

　춤의 시작은 옷을 준비하는 것이다. 장삼을 풀 먹여 빳빳하게 다린다. 이렇게 다린 장삼은 춤출 때 잘 날린다. 장삼을 절규하듯 뿌리고 던진다. 저 거울 속에서 춤을 추는 나의 모습이 보인다. 춤을 추는 내가 나인가 아니면 저 거울 속에 비치는 내가 나인가.

　그러던 어느 날이었다. 스승님은 바지를 걷어 보이시고는 "나는 왼쪽 다리가 오른쪽 다리보다 뚜렷하게 굵다"라고 하시며 춤을 추셨다. 스승님의 춤은 그동안 게을러진 마음으로 춤을 추던 나에게 경종을 울렸다. 스승님은 왼쪽 다리에 무게중심을 두고 오른 다리를 들어 균형을 잡는 동작을 수천수만 번을 해오셨다고 말씀하셨다. 반복되는 동작이 진정한 춤을 만든다며, 몸을 닦는 일이 몇 번 하고 끝이 있는 것이 아니듯 춤의 세계도 끝이 없음을 강조하셨다. 그날 이후 나는 나의 앙상하고 마른 다리를 들여다보며 스승님의 짝짝이 다리를 그리워했다. 그리고 더욱 정진할 것을 마음속 깊이 다짐했다.

### 춤 이야기

세계 각 나라의 무용은 그 민족이 가지고 있는 전통과 철학이나 문화를 표현하며 춤의 의미를 확장한다. 각 민족의 춤은 민족적 전통과 가치를 나타냄을 넘어 인류의 보편적 가치를 창조하고 구현하는 것으로 의미가 커지고 있다.

나는 늘 춤은 어떤 의미가 있는지 고민한다. 누군가는 춤의 의미를 본능 표출이라 하고, 어떤 이는 카타르시스의 경험이라 말한다.

춤은 다른 예술에 비해 생각이나 감정의 전달 수단이 독특하기에 춤의 의미를 전달하는 힘이 매우 강력하다. 춤은 인간의 모든 감각을 동시에 자극하는 힘이 있기에 춤이 사회 공동체의 문화 코드를 창조하고 있다.

춤은 힘이 있다. 춤이 갖는 힘이 무엇인지에 관해서는 다양한 의견이 있지만, 결론적으로 춤은 인간의 문화다. 춤은 우리가 인지

하지 못하는 사이에도 과거, 현재, 미래를 연결하는 힘을 가지고 쉼 없이 수용되고 변화하고 있다. 춤은 문화, 인종, 국가, 민족의 어떠한 장벽도 넘어설 수 있는 힘을 가진 강력한 소통 매체다.●

춤의 힘을 정리하면 다음과 같다. 춤은 단순한 즐거움 그 이상을 제공한다. 춤은 강력한 운동 효과를 통해 건강을 지켜주고, 체력과 유연성과 균형 감각을 길러주며, 스트레스를 해결해 주는 물리적이고 신체적인 이로움이 있다.

춤은 민족의 문화와 전통을 상징한다. 스페인의 화려한 플라멩코부터 전 세계 각국의 춤은 그 나라의 문화와 예술의 정체성을 확립하고, 문화에 관한 이해를 깊게 해준다.

춤은 같은 장소에 있는 사람들을 하나로 융합하는 힘이 있다. 축하, 의식 행사, 사회적 소통의 장에서 춤은 보편적 언어가 되어 모두를 하나가 되게 하는 힘이 있다. 춤은 전 세계 사람들을 하나로 연결할 수 있는 도구가 된다. 춤은 다양성과 현장성과 다양한 감각에 의한 포괄적인 예술 형태로 아름다운 세상을 만들고 우리를 행복하게 하는 힘이 있다.

그렇다면 우리의 전통춤은 무엇일까. 전통춤은 다른 어떤 예술보다도 훨씬 포괄적이며 인간 생활의 모든 면과 결부되어 있다. 특히 우리나라 민속춤의 정신은 동양의 종교와 철학을 밑거름으로 하고 있고, 무아(無我)의 경지에서 우러나오는 대자연의 율조에 의

---

● 신상미, 『인간은 왜 춤을 추는가』(이화여자대학교 출판부, 2015), p. 463.

해 생성된 원천적으로 심오한 정신적 배경을 가지고 있다.●

우리의 전통춤을 분류함은 어렵다. 학자마다 각각의 주장이 있기 때문이다. 이병옥이 쓴『한국무용민속학개론』에서는 우리 춤을 다음과 같이 분류하고 있다.

> 전통적인 우리 춤의 분류는 그 목적이나 대상, 또는 분류 방법에 따라 여러 가지로 나뉠 수 있고, 또 여러 학자마다 나름대로 이론을 정리하고 있다. 그러나 대개 크게는 우리 춤을 궁중무용(宮中舞踊)과 민속춤으로 나누고 있으며, 춤의 학문적(學問的) 체계상 좀 더 세분하여 보면, 기능상 분류법(分類法)에 따라 크게 궁중춤, 의식춤, 민속춤 및 예인춤으로 분류한다.
>
> 다시 이를 세분하면 궁중춤은 당악정재(唐樂呈才)와 향악정재(享樂呈才)로 나누어지고, 의식춤은 유교적(儒敎的)인 일무(佾舞)와 무속의 춤(신무, 축원무), 불교의식 춤(순례무, 제식무), 장례의식 춤(방상씨춤, 회다지춤)으로 나누어지고, 민속춤은 대동춤(농악, 탈춤, 소리춤 등)과 개인춤(허튼춤, 모방춤 등)으로 분류되며, 예인춤은 살풀이춤, 승무(僧舞), 검무(劍舞), 태평무(太平舞), 한량무(閑良舞), 남무(男巫) 등과 같은 춤으로 분류된다.●●

───────────

● 이병옥,『한국 무용민속학 개론』(도서출판 노리, 2000), p. 78.
●● 위의 책, p. 29.

이 분류에서 내가 추는 춤은 예인춤에 해당하는 승무, 살풀이 춤, 태평무 등이 있다. 이들은 모두 벽사 정재만 스승님의 춤을 이어 받은 것이다.

그중에서도 승무를 살펴보면 승무의 역사와 유래에 관한 정설은 없다. '석가모니 부처님이 영취산에서 『법화경』을 설법할 때 가섭이 부처님의 채화(彩花)를 보고 웃으며 춤을 추었고 이를 승려들이 모방했다'라는 영상회상설이 있고, 이외에도 상좌승이 스승이 없는 틈에 평소에 스승이 하는 독경설법(讀經說法)의 모습을 흉내 냈다는 설, 파계승이 북을 두드리며 번뇌를 잊으려 했다는 설 등 여러 설이 있다.

승무는 불교 무용으로 정의하기도 하나 민속무용으로 보기도 한다. 민속무용으로서의 유래에는 개성 명기 황진이가 지족선사(知足禪師)를 유혹하려고 춘 춤이 시작이라는 설도 있다. 이처럼 여러 설이 난무하나 불교의식 무용 중 법고(法鼓)춤에서 유래했다는 설이 힘을 얻고 있다. 이 유래에 따르면 후에 서산대사에 의해 포교의 한 방편으로 승무가 중시되었으나, 이것이 탁발 수단으로 이용되며 종교적 가치를 상실할 우려가 있어 승무를 중지하였다고 한다. 이후 차차 민간으로 내려와 민속무용으로 변천하게 되었다는 것이다.

이러한 여러 설에도 불구하고 어느 설이 정확한지 알 수 없다. 다만 승무(僧舞)가 고깔을 쓰고 장삼을 걸치고 두 개의 북채를 쥐고 추는 민속춤인 것은 확실하다. 앞으로 승무의 유래에 관한 더 정확하고 진지한 연구가 필요할 것이다.

승무는 지역에 따라 서울, 경기 지역의 '한영숙류'와 호남 지방을 중심으로 하는 '이매방류' 승무로 나뉜다. 승무에 관한 공연이 기록으로 전해지는 것은 1908년 원각사 공연에서부터이다. 승무는 원각사 공연을 기점으로 한성준(韓成俊)*, 박월선, 최명옥 등에 의하여 연행(演行)되었다. 이러한 승무는 한성준이 1914년 '조선음악무용연구소'를 개설하면서 내려오게 된 것이라 하는데 이렇게 계승된 승무는 현재 국가무형문화재 제27호로 지정되어 한성준의 손녀이자 제자인 한영숙**(1969년 지정)으로 전해진다.

벽사(碧史) 한영숙(韓英淑)은 1920년에 태어나 1990년에 타계한다. 국가무형문화재 제27호 승무, 제40호 학무의 예능 보유자다. 할아버지 한성준이 정립한 한국전통무용을 이어받아 전승한 20세기 한국전통무용의 거목(巨木)이다.***

---

● 충남 홍성 출생. 1937년 결성된 조선음악무용연구회의 창립자 중 한 사람으로 후진 양성에 힘썼다. 만년에는 민속무용에 전념하여 흩어졌던 민속무용의 체계를 세웠다. 학무(鶴舞), 승무(僧舞), 태평무(太平舞) 등의 여러 무용을 무대에 올렸으며, 특히 학춤에 뛰어난 기량을 발휘하였다.
●● 충남 천안 출생. 12세 때인 1933년 보통학교를 중퇴하고 상경하여 1942년까지 경성조선고전음악연구소에서 춤을 배웠다. 같은 시기에 한국무용의 중시조라 할 한성준으로부터도 춤을 배우기 시작하여 승무, 학춤, 태평무, 살풀이 등을 전수받았다. 이와 함께 해금, 가야금 등의 국악기도 익혔다. 1937년 서울 부민관에서 제1회 무용 발표회를 가져 명성을 얻기 시작했다. 1942년 한성준 추도 공연을 했다. 1988년 서울올림픽 폐막식에서 살풀이춤으로 한국춤의 진수를 세계에 알렸다. 외형적인 기교보다 내면에서 우러나오는 한국무용의 정수를 아름답게 표현하여 한국무용계에서 독보적인 위치를 차지하였다.
●●● 손영미, 「승무 춤사위에 내재된 공간 구성미에 관한 연구: 정재만류 승무를 중심으로」, 숙명여자대학교 전통문화예술대학원 석사 학위 논문(2004), p. 10. 참조.

한영숙의 승무●

한영숙의 춤은 여성적이다. 우아하고 섬세하고 세련되었다. 그리고 그 변화가 아름답고 담백하고 깊이가 있는 춤이다. 한영숙은 승무와 학무의 예능 보유자이면서, 살풀이춤, 태평무 등에도 능했다. 특히 1988 서울올림픽 폐막식 무대의 살풀이춤 공연은 지금도 호연(好演)으로 손꼽힌다. 한영숙의 승무는 이매방의 승무와 비교되기도 한다. 한영숙은 상대적으로 시선의 눈높이가 높다. 이러한 높은 시선은 천신과의 교감을 의미한다는 해석도 있다.

───────
● 출처: 국립무형유산원 디지털 아카이브.

조지훈은 「승무」*를 통해 신에게 닿고자 하는 인간의 욕망과 기원을 잘 나타내고 있다.

얇은 사 하이얀 고깔은
고이 접어서 나빌레라.

파르라니 깎은 머리
박사 고깔에 감추오고,
두 볼에 흐르는 빛이
정작으로 고와서 서러워라.

빈 대에 황촉불이 말없이 녹는 밤에
오동잎 잎새마다 달이 지는데,

소매는 길어서 하늘은 넓고,
돌아설 듯 날아가며
사뿐히 접어 올린 외씨버선이여!

까만 눈동자 살포시 들어

---

● 청록파 시인으로 잘 알려진 조지훈의 대표작이다. 「승무」는 1939년 『문장』 12월호에 발표되었으며, 박목월 박두진과 함께 발간한 『청록집』에도 수록되어 있다.

먼 하늘 한 개 별빛에 모두오고,


복사꽃 고운 뺨에 아롱질 듯 두 방울이야
세사에 시달려도 번뇌는 별빛이라.


휘어져 감기우고 다시 접어 뻗는 손이
깊은 마음속 거룩한 합장인 양하고,


이 밤사 귀또리도 지새는 삼경인데,


얇은 사 하이얀 고깔은
고이 접어서 나빌레라.


    고대인은 제천의식(祭天儀式)에서 신과의 교통수단으로 불을 피워 연기를 하늘로 올려보냈다. 연기는 신에게로 보내는 인간의 기도이자 마음이다. 우리의 전통춤인 승무를 노래한 조지훈 시인의 시 「승무」에 나오는 "소매는 길어서 하늘은 넓고"라는 시행(詩行)에서 말하는 장삼이나 살풀이춤의 긴 수건은 바로 고대인이 신에게 가까이 가고자 피웠던 연기(煙氣)다.

    춤은 『중용』에 나오는 획호상(獲乎上)과 같은 의미로 해석할 수 있다.

在下位 不獲乎上 民不可得而治矣.●

내 몸이 이 땅에 있다고 하여 (내가 하늘이나 되느냐며) 하늘 같이 살고 싶어 하지[獲乎上] 않으면 백성을['나'의 뭇 욕구=衆欲=衆生] 다 먹여 살릴 수 없다.●●

내 몸이 비록 땅에 있으나 하늘처럼 살고 싶어 하지 않으면 중생을 먹여 살릴 수 없다. 춤도 비록 몸은 땅에 있으나 마음과 뜻이 하늘에 있지 않으면 진정한 춤이 아니다. 춤은 땅에 있는 나의 욕망이 하늘에 닿고자 하는 몸부림이다.

다음 사진은 필자가 직접 추고 있는 승무다. 국가무형문화재 제27호 승무 이수자인 필자의 승무는 정재만 선생님의 춤을 이어받은 것이다. 그림에서 보듯이 승무를 출 때 입는 장삼의 소매는 길고 넓다. 승무의 장삼은 절대자와 소통하고자 하는 절실함이 표출된 것이다. 내 춤은 나의 욕망과 기원을 신에게 전달하고 닿으려는 몸짓이다. 절대자와 교감하고 소통하고 기원하기 위해 하늘로 던지고 뿌리며 춤을 추는 것이다. 이렇게 가까이 신에게 닿고자 하는 욕망을 담은 것이 바로 춤이다. 그래서 춤은 오르고[上] 닿아[接] 미치

---

● 『中庸』, 20장.
●● 조중빈 역·설, 『자동중용』(부크크, 2023), p. 233.

필자의 승무 춤사위

는[狂 또는 及] 것이다.

　한 발은 땅에 있어 인간과 닿아 있고 한 발은 들어 하늘을 향해 오른다. 이것은 땅에 살고 있으나 하늘에 닿고자 하는 인간의 의지를 보여주며 절대자에게 다가가려는 의지다. 장삼 소매 한 자락은 땅을 향하고 또 다른 한 자락은 하늘을 향해 힘차게 펼쳐진다. 춤은 신의 영역에 닿기를 기원하는 인간의 행위를 표현한 것이다.

　승무는 구도와 구원의 춤이다. 승무의 유래와 기원에는 많은 이설(異說)이 있으나 그 뿌리는 종교와 신앙에 있다. 유한한 시간을 사는 인간은 늘 죽음 이후의 영원을 꿈꿨다. 영원을 꿈꾸는 인간의 염원은 춤으로 표현되었다. 그렇기에 고대로부터 춤과 제사는 하나였고 지금도 춤의 깊은 곳에는 신에 대한 경배와 예배 의식이 담겨있다. 춤, 특히 승무를 출 때는 내 몸이 하나의 매개체가 되어 인간과 신이 하나가 됨을 경험하곤 한다. 춤이 단순한 몸의 동작이라면 운동과 다를 것이 무엇이겠는가. 춤은 단순히 몸을 움직이는 운동이 아니라 몸의 움직임을 통해 신과 소통하기 위한 인간의 간절한 의지와 염원이 담긴 것임을 필자는 춤을 출 때마다 느낀다.

## 승무의 아름다움

한영숙 사후(死後) 승무는 한영숙의 제자인 정재만, 이애주에게 전승된다. 이애주는 1997년 승무 예능 보유자로 인정되어 이애주 전통춤회, 한성준 춤소리 연구회, 한영숙 춤 보존회를 이끌었다. 또 다른 승무 예능 보유자 정재만은 1971년 이애주와 함께 무형문화재 제1기 전수생으로 승무와 학춤을 전수하여 1976년 이를 이수하였고, 1981년 전수 조교가 되었다•가 2000년 승무 예능 보유자로 지정되었다. 그러다가 한국전통무용의 큰 별이었던 국가무형문화재 제27호 승무 예능 보유자 정재만 선생은 66세의 일기로 타계한다. 특히 정재만 선생은 그의 스승 한영숙의 호인 벽사를 이어받아 후진 양성과 전승 활동을 활발하게 펼쳤다.

---

• 이병옥, 서승우, 『승무』(국립문화재연구소, 1998), pp. 50~62.

정재만의 승무●

정재만은 스승인 한영숙 선생이 타계하자 1991년에는 벽사춤 아카데미를 설립하고 스승인 한영숙 선생의 벽사춤●●을 전하기 위해 노력한다. 정재만의 승무는 한성준, 한영숙의 춤을 이었으나 춤사위는 한영숙과 또 다른 부분이 있다. 정재만의 춤사위는 힘이 있으며 큰 무게감이 느껴지는 웅장한 승무다.

---

● 한겨레신문. "승무 계승 '벽사' 정재만씨 별세,"
https://www.hani.co.kr/arti/society/obituary/646690.html, (검색일: 2024. 2. 18.)
●● 벽사춤은 한국에 전통적으로 전승되는 여러 춤을 총집대성한 한성준으로부터 이어져 그의 손녀딸인 마지막 조선의 춤꾼 한영숙에게 대물림되어 전승되는 춤의 총칭이다. 벽사는 한영숙의 호(號)로서 그의 제자인 정재만은 한영숙으로부터 벽사라는 호를 이어받아 벽사춤을 계승하였다. 현재는 정재만의 아들 정용진이 4대 벽사를 물려받아 벽사춤을 이끌고 있다.

예술작품은 인간의 철학과 사상을 바탕으로 삶을 추상화한 가장 잘 다듬어진 표상(表象)이다. 그러므로 예술에 나타난 미적 가치는 삶을 이끌어가는 인간의 정신과 철학을 표상하는 점에서 인간 가치와 동일시될 수 있다.•

그렇기에 모든 예술은 인간의 정신과 철학을 표현하고 있다. 몸짓으로 표현되는 춤도 인간의 철학과 사상을 바탕으로 한다. 그래서 춤의 모든 동작 하나하나에 춤을 추는 예술인의 철학과 사상이 몸짓으로 표현되어 미적 가치를 나타낸다.

한국의 전통문화가 민족의 혼과 얼을 담아 독특한 아름다움을 지니고 있고, 한을 바탕으로 내면적 정서 표현을 하고 있다면 춤이 영혼의 풍성함을 더한다는 말이다. 한국의 전통춤은 여러 종류가 있으나 승무는 전통춤의 백미(白眉)요 마루다. 이러한 승무의 정통성이 정재만류로 이어지고 있다.

내 춤의 근원은 정재만류 승무다. 정재만류 승무는 다른 승무와 차별되는 독특한 아름다움이 있다. 정재만류 승무는 화려한 외형보다 내면을 중시하고, 간결하고 군더더기가 없으며, 정갈함과 품위를 지니고 있다. 그리고 깨끗하고 단아하여 동양의 아름다움을 상징하고 있다.

정재만 스승님의 가르침은 유별났다. 단지 춤을 추는 기술만을 전수하는 것이 아니라 늘 정신의 발현을 중시했다. 춤이 신체와

---

• 김영기, 『한국미의 이해』(이화여자대학교 출판부, 2004), p. 110.

벽사춤 아카데미 수업 장면●

영혼의 조화임을 강조했고, 도(道)와 예(禮)를 기본으로 정신을 강조하는 것이라 말했다. 배우는 과정도 단지 춤을 추는 것이 아니라 스승과 제자의 예를 중시하고 존중했다. 승무의 전수 과정은 춤을 배우는 것을 넘어 예(禮)를 기반으로 시작한다. 늘 정재만 스승님은 이수 과정 수업을 하기 전에 하는 일이 있다. 위의 사진에서 보는 것처럼 빳빳하게 다린 장삼을 접어놓고 돌아가신 한성준, 한영숙 선생을 존경하는 마음을 담아 모두 함께 경건한 마음으로 절을 드리고 제자들과 맞절하고는 수업을 시작했다. 이는 예를 기반으로 서로를 존중하는 마음을 표하는 것이다. 제자들은 이런 예를 거치는 의식을 통해 타계한 스승의 정신을 기리는 마음으로 수업에 임하게

---

● 서성원, 「정재만류 승무 춤사위 연구 분석―굿거리과장을 중심으로」, 숙명여자대학교 전통문화예술대학원 석사 학위 논문(2005), p. 20. 사진 재인용.

된다.

정재만류 승무의 아름다움은 여백에 있다. 스승님은 늘 여백의 아름다움을 강조했다. 하늘을 향해 던지는 장삼 소매의 직선에서 시작되어 곡선으로 마무리되는 생명의 선이 주는 아름다움 속에서 공간의 여백이 느껴진다. 동적인 강렬한 움직임 속에서는 정적인 춤의 공간이 동시에 형성되며 여백이 만들어진다. 정재만류 승무는 보이는 것보다 보이지 않는 공간의 아름다운 여백을 보여주는 춤이다.

정재만 스승님은 승무의 멋을 다음과 같이 설명했다.

동작을 크게 확장하거나 엇박으로 호흡을 툭툭 끊고 크게 어르거나 제자리에서 박자를 먹고 정지한 듯 머무르는 춤사위 등이 멋이 있는 춤사위라고 할 수 있다. 정재만류 승무의 굿거리 과장에서 멋의 요인은 어떤 동작을 하고 제자리에 정지해서 머물거나 장단을 타고 서 있을 때 나오는 세련된 춤사위 또는 장단 사이로 엇박을 구사할 때 그리고 장삼 소매를 위로 뻗거나 좌우로 뻗었을 때, 긴 장삼 소맷자락이 무용수의 키보다 훨씬 높이 하늘로 뻗어 올라가는 모습 또는 수평으로 뻗어나가는 모습 등에서 볼 수 있는 동작이나 질량의 확대를 보여주는 사위가 멋을 내는 요인으로 볼 수 있다. 이러한 춤사위는 춤의 기능 연마가 충분히 이루어진 고도의 수련자를 통해 나온 멋을 낼 수 있으며 보는 이로 하여금 진정한 멋을 느낄 수 있는 것이다.*

전통무용의 멋을 내는 일은 여러 가지가 있지만, 결국 고도의 수련을 거쳐 그 멋이 무용수를 통해 나온다는 말이다. 늘 연습을 강조한 스승님의 모습을 엿볼 수 있다.

● 정재만, 『살풀이춤』(메리카코리아나, 2005), p. 90.

# 득우(得牛),
## 소를 얻다

### 견성(見性)을 알아차리다

　득우(得牛), 소를 찾아 나선 동자는 드디어 소를 얻는다. 이 경지를 선종에서는 견성(見性)이라 한다. 이 득우의 경지는 아직은 다듬어지지 않은 금강석을 찾아낸 것에 불과하다. 내가 춤을 통해 본성에 올라 닿고 미치는 경지를 보고 그 끝자락을 잡았어도, 그것은 아직 다듬어지지 않은 보석일 뿐이다.

　동자는 소를 얻는다. 그런데 정말 소를 얻는 것일까. 동자가 소를 얻었다면 그 소는 얻은 순간 얻은 것이 아니다. 동자가 소를 얻었다면 소는 동자로부터 분리된 것이다. 소는 동자와 분리되어 있지 않고 늘 안에 있어야 하기 때문이다. 소를 얻음은 이미 내 안에 있던 나의 소를 얻는 것이다.

어느 날 문득 마음의 깊은 연못에서 '아, 진짜 나는 뭐지'라고 묻는 순간 소를 얻게 되는 것이고, 이것이 바로 득우의 경지다. 드디어 소 한 마리가 내 안에 존재하게 된다. '참나'가 있는 깊은 공간으로 내가 들어간다. 그 공간에 존재하는 것은 바로 '알아차림'이다. 이 '알아차림'의 경지에는 아직 실체도 형태도 없이 오직 인식만이 존재한다. 그저 인식하는 그것만이 홀로 존재하고 있다.

원래 거기에 있었던 것이니 보자마자 알아차린다. 이것이 바로 나구나. 눈을 감아도 귀를 막아도 나는 그러한 감각기관을 넘어 나를 알아차린다. 그래서 알아차리는 순간 '나는 나다'라고 외치게 된다. 이것이 견성(見性)이다. 모든 망혹(妄惑)을 버리고 자기 본연의 천성을 깨닫는 것이다. 이 순간 누군가는 "나는 신(神)이다", "나는 관세음이다"라고 선언하기도 한다. 그러나 그것이 이 경지의 끝이다. 이 경지에서 바로 수신(修身/守身)이 시작된다. 나를 찾았으니 나를 닦고[修身] 나를 지키는[守身] 수행이 이루어져야 한다.

십우도(十牛圖)의 제4도 득우(得牛)는 소를 얻는 것이다. 『십우도송(十牛圖頌)』 득우의 서(序)는 다음과 같다.

> 久埋郊外, 今日逢渠.
> 由境勝以難追, 戀芳叢而不已.
> 頑心尙勇, 野性猶存.

欲得純和, 必加鞭撻.

    오랫동안 벌판에 파묻혀 있다가, 오늘에야 그대를 만났네.
    뛰어난 경치 때문에 쫓아가기 어려운데, 싱그러운 수풀이 끊임없이 그립네.
    고집 센 마음은 여전히 날뛰고, 거친 성품은 아직도 남아 있네.
    온순하게 하고 싶다면, 반드시 채찍질해야만 하네.

    이 경지는 뒷모습만 보았던 소를 얻는 것이다. 오랫동안 벌판에 파묻힌 소를 이제 만나게 된다. 동자는 소를 이제 막 잡아서 고삐를 낀 것이다. 이 경지가 선종에서는 견성(見性)이다. 아직은 다듬어지지 않은 원석을 찾아낸 것이다. 여전히 욕심과 분노와 어리석음에서 벗어나지 못하고 거친 상태에 있다. 나는 춤을 찾아 헤매다가 겨우 춤을 얻어 이제 고삐를 낀 것이다. 그러나 아직도 거친 상태에서 벗어나지 못하고 있다.

    곽암 선사는 『십우도송(十牛圖頌)』에서 득우(得牛)의 이러한 경지를 다음과 같이 적고 있다.

    竭盡精神獲得渠
    心强力壯卒難除.

정서흘, 〈십우도(十牛圖) 중 득우(得牛)〉, 2024.

有時才到高原上

又入烟雲深處居.

온 정신을 다하여 이놈을 잡았지만
마음 굳세고 힘은 강해 다스리기 어렵다.
어떤 때는 고원 위에 이르렀다가도
또 어느 때는 뭉게구름 깊은 곳에 들어가 머문다.

그림을 보면 동자가 소의 꼬리를 잡은 모습이다. 이 소는 원래 내 안에 있던 소이나 이제 내가 알아차린 것이다. 내 안의 소를 알아차리는 것은 남을 통해서 나를 아는 것이 아니라 나를 통해서 나를 아는 것이다. 소는 항상 내 안에 있었다. 소는 바깥에 있지 아니하고 나의 마음속 깊은 곳에 있었다.

다음 그림은 필자의 심화도(尋花圖) 중 제4도 득화(得花)이다.

이유나, 〈심화도(尋花圖) 중 득화(得花) — 웃음으로 피어나는 꽃〉, 2024.

웃음으로 활짝 핀 꽃이 나를 향해 걸어온다. 나는 그 꽃이 나임을 알아차린다. 꽃을 안아 내 가슴에 심는다. 활짝 웃는 진정 아름다운 꽃이 나의 멍든 가슴을 달래준다. 나는 나의 꽃을 얻었다.

소를 얻는 방법은 내 안으로 들어가는 것이다. 내 안으로 들어가 나의 마음을 다스려야 한다. 마음을 다스리는 것이 바로 수신(修身/守身)이다.

조중빈은 『자명대학』「傳7 석정심수신(釋正心修身)」에서 이러한 수신에 관하여 다음과 같이 말한다.

> 소위 "나다운 나를 지킨다[修身=守身]는 것이란 다름이 아니라 내가 내 몸[의 느낌=신의 섭리]을 떠난 내 마음의 생각을 바로잡는 것이다"[정신 똑바로 차린다]라는 말은 이런 말이다. 몸에 원래 분노하는 부위가 있다고 하면 그 마음을 바로잡을 수 없고, 몸에 원래 공포에 떠는 부위가 있다고 하면 그 마음을 바로잡을 수 없고, 몸에 원래 탐닉하는 부위가 있다고 하면 그 마음을 바로잡을 수 없고, 몸에 원래 근심하는 부위가 있다고 하면 그 마음을 바로잡을 수 없다는 것이다.●

> 所謂 修身在正其心者
> 身有所忿懥 則不得其正
> 有所恐懼 則不得其正
> 有所好樂 則不得其正

---

● 조중빈 역·설, 『자명대학』(부크크, 2021), p. 41.

有所憂患 則不得其正●

나는 내 안에 있던 나의 소를 알아차림을 통해 찾았다. 내가 얻은 내 안의 소인 본성을 잘 지키는 것이 바로 수신(守身)이다. 이제 이 소를 길들이고 길러야 하며 지키기 위한 사랑이 필요하다. 조중빈은 이러한 지킴을 가리켜 수신(修身)이고 수신(守身)이라 했다. 찾은 나를 지키는 것이 바로 수신이다. 어렵게 찾은 나의 본성을 아름답게 양육하는 과정이 필요하다.

무엇으로부터의 지킴인가. 분노와 공포와 근심과 탐닉으로부터 나를 지키는 것이다. 나다운 것을 지키는 것에 관하여 조중빈은 이어서 이렇고 적고 있다.

> 마음이 자기 몸[의 느낌=신의 섭리]을 떠나 한눈팔면[생각이 딴 데 가 있으면(不思)] 봐도 못 보고, 들어도 못 듣고, 먹어도 맛을 모른다. 이래서 "나다운 나를 지키는 것이란 다름이 아니라 내가 내 몸[의 느낌=신의 섭리]을 떠난 내 마음의 생각을 바로잡는 것이다"라고 말하는 것이다.●●

---

● 『大學』, 傳.
●● 조중빈 역·설, 위의 책, p. 42.

心不在焉 視而不見 聽而不聞

食而不知其味 此謂修身在正其心●

　마음이 딴 데 가 있는 것을 불사(不思)라 했다. 생각이 딴 데가 있으면 "봐도 못 보고, 들어도 못 듣고, 먹어도 맛을 모른다"라고 했다. 나다운 나를 지키는 것은 바로 내 마음의 생각을 바로잡는 것이다. 이제 겨우 찾아낸 내 본성을 수련함은 나를 지키는 것이고, 나를 지키는 것은 내 생각을 바로잡는 것이라 했다. 그러고 보면 모두 다 생각이고 마음이다.

　일체유심조(一切唯心造), 세상 모두가 오로지 마음이 지어낸 것이라는 의미이다. 즉 모두 마음먹기에 달렸다는 뜻이다. 이는 『화엄경』에서 중요하게 여기는 말이다. 세상의 모든 법은 그것을 느끼는 마음의 나타냄이다. 존재하는 것의 본체는 오직 마음이 지어낸 것이라는 말이다. 사람이 사는 것의 길흉화복, 희로애락이 모두 밖으로부터 오는 것이 아니고 내 마음에서 비롯된다는 말이다. 사물 자체에는 정(正)도 부정(不正)도 없고 모두 오로지 마음에 달린 것이다. 그러니 내 마음을 바로잡는 것이야말로 '참나'를 찾아 나선 길에 최고의 무기임을 알 수 있다. 불교에서는 일체(一切)의 현상을 공(空)에 기반하여 말한다. 그런데 세상 모두가 마음먹기에 달렸다고 모두 공(空)이라는 인식은 사실 위험하다.

●『大學』, 傳.

현상 안에 궁극의 요소가 실재하지 않는다는 것, 궁극의 요소가 있어야 할 자리에 그것의 없음 즉 공(空)이 드러난 것은 일체의 현상은 공에 기반한 것임을 말해준다. 현상의 연기성은 곧 현상의 공성(空性)을 말해주는 것이다. 현상은 실체에 입각한 것이 아니라 공(空)에 기반한 것이며, 따라서 실재하는 것이 아니다. 실체가 아닌 공(空)에 입각한 형상을 가유(假有)라고 한다. 우리가 자아라고 간주하는 오온(五蘊)은 그러한 거짓으로 존재하는 것이다. 그러므로 그것은 물방울이나 아지랑이 또는 파초나 무와 같다고 비유한다.●

　　색(色)은 모인 물방울과 같고,
　　수(受)는 물거품 같으며,
　　상(想)은 봄철의 아지랑이 같고,
　　행(行)은 파초 나무와 같으며,
　　식(識)은 꼭두각시와 같음을 관(觀)하라.●●

현상의 연기성에서 연기라는 말에 주목할 필요가 있다.

연기(緣起)는 'paticca-smuppāda'이다. paticca는 '연유하여'라는 뜻이고 smuppāda는 '일어나다'라는 뜻이므로, '연하여 일어나다' 즉 '연기'라고 번역한 것이다. 우주 만법의 존재 원리가 바로 이

---

● 한자경, 『불교철학의 전개, 인도에서 한국까지』(예문서원, 2005), p. 42.
●● 김월운 역, 『잡아함경 1』(동국역경원, 2006), p. 265.

연기다. 일체가 인연에 의해 살아나는 것은 어떤 것도 그 자체적으로 독립적인 존재 근거를 통해 실체로서 실재함이 아니다. 모두 자기 아닌 것과 인과 연으로 이어져 그 인연에 따라 형성된 것이라는 뜻이다.•

그렇기에 "이것이 있어 저것이 있고, 이것이 살아나기에 저것이 살고, 이것이 없기에 저것이 없고, 이것이 멸하기에 저것도 없어진다"라는 것이다. 이것이 연기의 기본적 원리다. 나의 소를 얻는 것 또한 연기(緣起)에서 벗어나지 않는다. 색(色), 수(受), 상(想), 행(行), 식(識)이 물방울이요, 물거품이요, 봄철의 아지랑이요, 파초 나무요, 꼭두각시와 같을지라도 이것 또한 연기의 법에서 벗어나지 않는다. 그러니 어렵게 찾은 '참나'를 키우는 것도 연기의 법에서 벗어나지 않을 것이기에 수신(修身)과 수신(守身)을 위한 노력을 소홀하게 해서는 안 된다.

조중빈은 이와 관련하여 『자명대학』에서 '절차탁마'를 다음과 같이 설명한다.

『시경』에서 노래하기를 "저 기수 가에 푸른 대나무를 보라. 그윽한 모습의 군자가 있는데 자르는 듯, 부수는 듯, 쪼는 듯,

---

• 한자경, 위의 책, p. 47.

가는 듯하다. 그 모습 숙연하고, 조신하고, 기세 있고, 활기차구나. 그윽한 모습의 군자가 있는데 그가 끝내 잊지를 못하는구나"라고 했다. '자르는 듯, 부수는 듯'이라는 말은 학문하는 방법을 말한다. '쪼는 듯, 가는 듯'이라는 말은 옥돌을 쪼고 갈아 모양을 다듬어 내듯이 자기 자신의 진면목을 드러낸다는 말이다. '숙연하고, 조신하다'[온유]는 말은 두려워 떤다는 말이다. '기세 있고, 활기차다'[강직]는 말은 위풍이 당당하다는 말이다. '그윽한 모습의 군자가 있는데 그가 끝내 잊지를 못하는구나'라는 말은 다름 아니라 백성들이 성덕[盛德=신의 섭리]으로 깨달은바, 곧 여기가 거기[至善=나]라는 느낌을 절대[能=필연] 잊을 수 없다는 말이다.●

詩云, 瞻彼淇澳 菉竹猗猗 有斐君子 如切如磋 如琢如磨 瑟兮僩兮 赫兮喧兮 有斐君子 終不可諠兮 如切如磋者 道學也 如琢如磨者 自修也 瑟兮僩兮者 恂慄也 赫兮喧兮者 威儀也 有斐君子 終不可諠兮者 道盛德至善 民之不能忘也.●●

이 글을 읽으면서 나는 전율을 느낀다. 단순히 열심히 노력하고 땀을 흘리는 것이 나의 소를 얻는 길에 도달하는 것으로 생각했

---

● 조중빈 역·설, 『자명대학』(부크크, 2021), p. 29.
●● 『大學』, 傳3.

는데 학문의 길도, 춤의 길도 모두 군자의 모습과 같음을 알았다. '자르고, 부수고, 쪼고, 가르는' '절차탁마'의 과정이 있어야 소를 얻을 수 있다.

학문의 길만이 절차탁마(切磋琢磨)하는 것이 아니다. '뼈를 자르는 것을 절(切), 상아를 다듬는 것을 차(磋), 옥을 쪼는 것을 탁(琢), 돌을 가는 것을 마(磨)라 한다.' 그런데 춤에도 바로 뼈를 가르는 절(切)이 있고, 상아를 다듬는 차(磋)가 있고, 옥을 쪼는 탁(琢), 돌을 가는 마(磨)가 있다. 이는 춤의 수련을 일컫는 말이기도 하다. 그러니 내가 걷는 춤의 길과 학문의 길은 둘이 아닌 하나다.

학자가 글을 익혀 학문의 길을 가고, 무사가 검법을 익혀 무사의 길을 가고, 상인이 장사의 도(道)를 익혀 상도의 길을 간다. 나에게 춤은 글이요 검법이요 상도다. 그 길을 통해 이제 나만의 마루에 오른다. 이제야 나의 소를 얻었기에 나의 소를 기르는 길에 나선다.

### 춤의 탐·진·치(貪·瞋·痴)

동자는 소를 얻는다. 그러나 이때의 소는 아직 사나운 모습이다. 탐내고, 성내고, 어리석은 삼독(三毒)에서 벗어나지 못한 상태다. 탐·진·치는 탐욕(貪慾)·진에(瞋恚)·우치(愚癡)를 뜻한다. 이를 줄여서 탐·진·치라 하며, 이 세 가지 번뇌가 우리를 괴롭히는 독약으로 이를 삼독(三毒)이라 한다.

탐욕은 집착이다. 자신이 원하는 것에 욕심을 내고, 자신의 욕심에만 맞도록 집착하고, 정도 이상의 욕심을 부리고, 명성과 이익에 지나치게 욕심을 내는 것이다. 진에는 분노다. 미워하고 성내며 시기하고 질투하는 것이다. 소를 얻은 후에 가장 다스리기 어려울 수도 있다. 우치는 세상의 이치와 현상을 이해할 수 없는 어리석은 마음이다. 그러니 이것으로 인해 현상을 제대로 판단할 수 없고, 본질을 이해할 수 없기에 번뇌가 일어난다.

이러한 삼독의 출발점은 어디일까. 당연히 모두가 '나[我]'에서 비롯된다. 나로 인하여 '탐욕', '진에', '우치'가 일어난다. 그러니 당연히 나를 알아야 하고, 나의 본성을 알아야 한다. 내가 가야 할 길을 제대로 알고 그 길을 가려 하고 있으나, 아직은 잘 드러나지 않는 것이 바로 득우(得牛)의 경지다.

인간은 세계의 한 부분이면서도 세계와 관계 속에서 쉼 없이 접촉한다. 우리의 존재는 세계 안의 대상과 접촉 없이는 한순간도 지속하지 않는다. 그리고 우리는 접촉으로부터 다양한 감각을 갖는다. 슬픔, 기쁨, 괴로움, 분노, 사랑, 미움, 혐오 등등. 그런데 접촉의 대상은 다양하고 이에 따라 우리의 감각도 다양하나 행복의 관점에서 볼 때 감각의 내용은 단순하다. 붓다에 의하면 그것은 즐거운 감각과 관련하여 우리 행복의 성취 여부는 이 세 가지 감각에 대한 우리의 수용 방식에 달려 있다고 할 수 있다.•

---

• 안옥선, 『불교윤리의 현대적 이해』(불교시대사, 2002), p. 72.

나의 춤도 이러한 '탐욕', '진에', '우치'의 탐·진·치에 빠진다. 붓다께서 즐거운 감각과 관련하여 행복의 성취 여부도 이 세 가지 감각에 대한 각자의 수용 방식에 달렸다고 했는데, 나는 탐·진·치에 빠져 제대로 된 수용 방식을 취하지 못했다. 탐욕은 세상일과 성과에 대한 집착이다. 나는 명예와 이로움에 집착하고, 내 분수에 맞지 않게 욕심을 냈다. 그 결과는 늘 참담할 정도의 아픔이다. 탐욕을 다스리지 못한 대가는 늘 나에게 상처를 남겼다. 진에는 분노다. 이 분노는 탐욕과 상관관계가 있다. 탐욕을 채우지 못함은 늘 분노하게 한다. 분노는 나를 태우고 주위를 태웠다. 그리고 분노는 나의 발전과 변화를 위한 도전을 포기하게 했다. 변화와 벗어남을 갖추지 못함은 나를 드러내기에 합당치 않다. 우치는 어리석음이다. 나만의 잣대로 세상을 보는 것이다. 나는 우물 안의 개구리처럼 나만의 세상에서 나만의 기준으로 세상을 보았다.

집착하는 탐욕을 부리고, 가지지 못한 것에 분노하고 화를 내는 어리석음에서 벗어나려면 잘못된 생각에서 벗어나야 한다. 그러기 위해서는 잘못된 인식에서 깨어나는 것이 먼저 필요하다. 나의 춤도 탐·진·치라는 세 가지 번뇌, 삼독에서 벗어나야 한다. 이 길이 견성(見性)을 통해 찾은 나의 본성을 내 것으로 만드는 길이다.

## 이수자가 되다

　이제 내 득우(得牛) 이야기다. 동자가 소를 얻었으니 나도 나의 소를 얻어야 한다. 소의 꼬리만 보던 동자가 드디어 소의 고삐를 쥐었다. 물론 아직 소는 길들여지지 않아서 통제할 수 없으나, 일단 동자는 소를 얻었다. 나도 그렇게 나의 소[牛], 나의 본성인 춤의 꼬리만 바라보다가 드디어 고삐를 쥐게 되었다. 소를 찾아 나선 동자처럼 나의 소를 얻었다.
　나는 이수자 시험 날이 오기를 목매어 기다렸다. 아니 그날이 오지 않기를 기도하기도 했다. 그런데 드디어 시험 날이 왔다. 이날을 위해 얼마나 많은 날을 준비하고 또 준비해 왔던가. 수능시험을 보는 수험생은 12년 동안 공부한 것을 하루에 평가받는다. 나도 이 이수자 시험을 위해 15년 이상을 공부하고 또 공부했고, 연습하고 또 연습했다. 그러니 시험을 보는 심정은 말로 다 할 수가 없다.
　드디어 시험을 치르는 날, 쿵쿵 울리는 심장을 달래며 기다리다가 내 차례가 되어 무대에 올랐다. 그런데 막상 무대에 오르니 그토록 잘 돌아가고 움직이던 몸이 휘청거리고 중심을 잃는 것이다. 뒷모습으로 엎드려 춤을 시작하다가 차츰 일어서서 한 발을 내디뎌 앞모습을 보이는 순간 나는 아찔했다.
　'내가 이 춤을 끝까지 출 수 있을까?'
　눈앞이 캄캄하고 어지러웠다. 뒤뚱거리며 균형을 잃고 흔들리는 다리는 내 모든 긴장의 불쏘시개가 되었다. 그 불쏘시개는 다시 기름이 되어 긴장은 활활 탔다. 정신이 혼미하다. 그동안 연습하고 땀 흘린 시간이 주마등이 되어 머리를 스친다. 이 순간을 위해 얼마나 기다리고 연습해 왔던가. 호랑이에게 물려가도 정신만 차리면 된다던 어른들의 말씀이 귓전을 울린다.

정신이 번쩍 든다. 그다음 동작을 떠올리면서 순서를 기억한다. 온 힘을 모아 발을 딛고 일어나 팔을 들어 하늘을 향했다. 그동안 흘린 땀과 눈물을 몸은 기억하고 있었다. 그러는 와중에도 스승님이 내게 하셨던 "너는 참 깨끗하게 춤을 잘 추는 사람이야!"라는 말씀이 머릿속에 울린다.

이를 악물고 다시 힘을 모아 몸이 기억하는 길을 따라나선다. 혼미한 정신에 오리무중 같던 길들이 다시 보인다. 저 멀리 산 위를 스치는 바람과 밝게 빛나는 햇살이 반갑다. 그래, 여기까지 왔는데 여기서 멈출 수가 없다. 그렇게 나를 다독이고 또 다독여 이를 악물고 승무를 추고 북을 치고는 무대를 내려왔다. 아마도 내 평생 그렇게 긴장하고 집중하여 공연한 것은 처음일 것이다. 짧은 시간이지만 온몸에 땀이 가득하다. 그리고 팔다리가 후들거린다. 무슨 정신으로 모든 과정을 다 끝낼 수 있었는지 모르겠다.

그리고 결과가 나왔다. 합격이었다. 드디어 내가 제대로 춤을 추기 시작한 지 십여 년이 흐르고 나서야 '국가무형문화재 제27호 승무' 이수자가 된 것이다. 누군가는 '이수자'가 그렇게 대단한 것이냐고 할지 모른다. 남들이 보기에는 어떨지 몰라도 나에게는 참으로 눈물 나게 감사하고 감격스러운 일이다. 지금도 부족한 내가 이수자가 될 수 있도록 이끌어주신 고 정재만 스승님께 진정으로 감사를 드린다. 지금은 하늘나라에서 춤을 추고 계시겠지만, 이 제자의 감사한 마음을 알고 계시리라 생각한다.

늘 스승님은 우리에게 말씀하셨다. 춤은 단순히 손과 발을 움직이는 것이 아니다. 춤은 도를 닦듯이 춰라. 춤은 추는 것이지만 도를 닦는 것이다. 그래야 춤을 추는 사람도 관객도 춤에 빠져드는 것이다. 지루할 정도의 무한반복을 통해 우리는 도의 세계에 들어가는 것이다. 도를 닦는 것을 수도(修道)라 한다. 도를 닦는 사람을 수도자(修道者)라 하고 도를 깨달은 사람을 도사(道士)라 한다. 그러니 춤을 추는 사람도 춤꾼이기도 하지만 수도자요 도사다.

그런데 나는 오직 이수자가 되고 싶은 욕심으로 본질을 잊고 현상의 것만을 향해 달려온 것 같다. 춤을 통해 도를 닦고 깨달아야 했건만 나의 춤은 도는 없고 오직 욕심만 있었다. 찾아 헤매던 소의 고삐를 잡았으나 아직도 소는 나의 의지로 움직이지 않고 있다.

본질을 잃은 나는 막상 이수자가 되고 나서 무력감에 빠졌다. 한때 나는 이수자가 되기 위한 욕망으로 물집이 잡히고 멍이 들도록 밤낮으로 춤을 연습했다. 그런데 이렇게 무력감에 빠지고 나니 문득 걸어온 길이 허무하다. 이 모든 것이 목표를 잃어버린 어리석고 부족한 어린 춤꾼이 겪어야만 하는 과정일지도 모른다. 이제 나는 어디를 향해 가야 하나. 나는 춤에 대한 어떠한 욕망이나 의지를 모두 잃었다. 그저 욕심내며 최선을 다하고자 했던 열정을 잃은 나는 무기력에 빠져 허덕이는 가련한 사슴이었다. 진정한 도의 세계를 볼 준비조차 되지 않은 내가 그냥 소의 고삐를 잡은 것이다. 소를 끌고 갈 방향조차 알지 못한 내가 소의 고삐를 잡은 것은 축복이 아니라 재앙이었다. 순수한 마음으로 도를 닦아야 하는 이치도 모르고 그저 욕심으로 달려왔으니 말이다.

이러한 무기력과 우울함에 빠진 내게 힘이 된 것은 역시 정재만 스승님이었다. 스승님은 내게 "이수자는 이수자다워야 한다"라고 말씀하셨다. '답다'라는 말이 고개를 숙이게 한다. 농부는 농부다워야 하고, 의사는 의사다워야 하고, 학생은 학생다워야 하고, 스승은 스승다워야 한다. 그것이 스승님이 강조한 '답게'였다. 죽비를 맞은 수도승처럼 정신이 번쩍 났다. 고삐를 잡음에서 그칠 것이 아니라 소를 내 것으로 만들어야 함을 잊은 나에게 화가 났다. 그렇다. 나다운 나를 지키기 위한 몸부림은 계속되어야 한다.

이수자가 이수자다워야 하는 것은 무엇일까. 진정한 춤은 보이는 춤이 아니고, 생각하는 춤도 아니라 저절로 추어지는 춤이어야 한다. 그것이 진정한 자연의 춤이다. 억지로 추는 춤이 아니라 자연을 담은 춤이 춤이다. 춤에 하늘을 담고, 땅을 담고, 꽃이 핌과 짐을 담고, 바람을 담아야 진정한 춤이다. 그러기 위해서는 더욱 다스리는 끝없는 정진이 있어야 한다. 그것이 내가 이수자다운 이수자가 되는 길이요, 내 손에 잡은 소의 고삐를 당겨 소를 내 소로 만드는 길이다.

그렇게 나를 채찍질했다. 걸어두었던 장삼을 꺼내 풀을 먹이고 다림질한다. 내가 풀을 먹이고 다림질하는 것은 어쩌면 장삼이 아니다. 나의 마음이요, 나의 몸이다. 나의 온몸이 자연을 담을 수 있을 때까지 나를 지키고 기르기 위해 정진해야겠다.

지난 명절 때 TV에서 보았던 영화 〈관상〉의 한 장면이 떠오른다. 이름난 관상가 송강호가 "나는 사람의 얼굴만 보았을 뿐 시대의 모습을 보지 못했소. 파도만 보았을 뿐 파도를 만드는 바람은 보지 못했소"라고 말한다. 그렇지 나도 파도만 보았을 뿐 바람을 보지 못했다.

『도덕경』 제1장 중 한 문장, "상무욕이관기묘(常無欲以觀其妙), 상유욕이관기요(常有欲以觀其徼)". "언제나 욕심이 없으면 오묘함을 보고, 언제나 욕심을 가지면 그 모습을 본다"라는 말이다. 그렇다. 욕심으로 보면 꽃잎이 보이고 욕심 없이 보면 뿌리가 보임을 나는 잊고 있었다. 늘 현상만을 보고 본질을 보지 못했으니 이 어리석은 중생(衆生)이 갈 길은 참으로 멀기만 하다.

제3장

깨달음의 경지를
묻다

# 목우(牧牛), 소를 기르다

## 에고가 얻은 나

동자는 소를 얻었다. 에고는 나를 얻었다. 아직은 성숙하지 못한 자아지만, 또 다른 나를 얻은 것이다. 비록 나의 마음을 얻었으나 그렇게 얻은 소는 겨우 고삐만 쥐었을 뿐이다. 그러니 이제는 그 소를 길들여야 한다. 심우도에서는 동자승이 소의 코뚜레를 꿰어 끌고 가는 모습이 나온다. 소가 본성이고 '참나'이니 어렵게 찾은 '참나'의 마음을 잡은 것이다. 끊임없는 기름과 지킴의 과정을 통해 소를 양육해야 한다. 바로 소를 기르는 목우(牧牛)이다. 내가 나의 마음을 얻었으니 이제 잘 길러야 한다는 의미로 '목우(牧牛)'라고 이름을 붙인 것이다.

그렇게 길들이지 않으면 이 소가 절벽에 떨어지고 진흙탕에 빠지고 옆길로 새고 힘들다고 주저앉을 것이다. 그리고 탐·진·치의 삼독(三毒)과 세상의 유혹 속에 빠질지 모른다. 길을 잘 들이면 소는 고삐를 풀어주어도 길을 알아서 갈 것이고 주인을 따를 것이다. 나의 에고도 길들여야 한다. 나의 에고도 언제 진흙탕에 빠지고 옆길로 샐지 모른다.

목우(牧牛)는 나답게 살고 싶은 내 안에 가득한 욕망을 계속해서 실현하는 과정이며, 내 마음속에 흡족하도록 끊임없이 반복적으로 드러내려는 단계다.

십우도(十牛圖)의 제5도 목우(牧牛)는 소를 길들이는 것이다. 『십우도송(十牛圖頌)』 목우의 서(序)는 다음과 같다.

前思才起, 後念相隨.
由覺故以成眞, 在迷故而妄.
不由境有, 唯自心生.
鼻索牢牽, 不容議擬.

앞생각이 일어나자마자, 뒷생각이 바로 뒤따른다.
깨달음으로 말미암아 참됨을 이루고, 미혹으로 말미암아 거짓을 이룬다.
경계가 있으므로 생겨난 게 아니라, 오직 스스로 마음이 일어났을 뿐.

　코를 꿴 고삐를 굳건히 끌어당겨, 생각으로 머뭇거림을 용납하지 않는다.

　이제 얻은 소를 길들여야 한다. 소를 길들이는 것은 앞생각이 일어나면 뒷생각이 저절로 바로 따르는 경지다. 이러한 깨달음으로 인해 미혹에서 벗어나 참됨을 이루게 된다. 모두가 외부에서 오는 것이 아니라 스스로 마음에서 일어난다. 나다운 나를 지키기 위한 욕망은 계속된다.

　곽암 선사는 『십우도송(十牛圖頌)』에서 목우(牧牛)의 이러한 경지를 다음과 같이 적고 있다.

　　鞭索時時不離身
　　恐伊縱步入埃塵.
　　相將牧得純和也
　　羈鎖無拘自逐人.

　채찍과 고삐를 잠시라도 몸에서 떼어놓지 않음은
　제멋대로 걸어서 티끌세상으로 들어갈까 두려워서라네.
　서로 당겨가며 잘 길들여서 온순하게 되면
　고삐를 잡지 않아도 스스로 사람을 따른다네.

정서홀, 〈십우도(十牛圖) 중 목우(牧牛)〉, 2024.

깨달음이 왔다고 잠시라도 방심하면 삼독(三毒)의 심연으로 다시 빠진다. 그러니 채찍과 고삐를 잠시도 내려놓지 않는다. 이는 혼돈과 미혹의 세계로 다시 들어갈까 두려운 것이다. 동자가 소를 잘 이끌고 소는 동자를 잘 따르면, 고삐를 단단히 쥐지 않아도 소는 스스로 동자를 따를 것이다.

'아는 것'은 어렵지 않으나 스스로 그렇게 '되는 것'은 매우 어렵다. '깨달음'은 쉽게 올 수도 있으나, 그 경지를 유지함은 매우 어렵다. 끊임없이 갈고 닦고 익히지 않으면 그 경지를 지속하기 어렵다. 이러한 단련과 지속의 과정이 있은 연후에 드디어 마음과 대상이 일치하여, 잡스럽고 삿된 것이 하나도 없는 순수함의 경지에 도달한다.

　욕심 없이 사물을 대하면 오묘함이 보이니 꽃을 보면 사람과 소가 모두 꽃이요, 물을 보면 사람과 물이 모두 물이고, 산을 보면 모두 산이 된다. 그렇게 하나가 되면 나누어질 것이 없다.

　손에 채찍을 잡은 것은 무슨 일이 있어도 각성(覺醒)을 놓치지 않겠다는 의미가 담겨있다. 고삐는 마음을 기르고 지킴을 의미한다. 각성은 늘 깨닫는 마음이며, 수양(修養)은 깨달음을 지키려는 행동이다. 각성과 수양은 아름다운 나를 늘 곁에 두게 한다. 수양만으로는 도에 이르지 못한다. 각성이라는 채찍이 필요하다. 그저 아무 생각 없이 습관적이고 기계적인 연습으로는 나를 지킬 수가 없다.

　늘 참나를 품고 생각하는 각성이 있어야 한다. 훈련과 단련이 필요하나 그 자체가 목적이 아니다. 각성이 있는 상태에서 훈련도 단련도 수행도 의미가 있는 것이다.

　다음 그림은 필자의 심화도(尋花圖) 중 제5도 목화(牧花)이다.

이유나, 〈심화도(尋花圖) 중 목화(牧花) — 꽃을 다스리다〉, 2024.

꽃을 다스린다는 것은 나를 다스리는 것이다. 나와 꽃이 영원히 함께하기 위해서는 꽃을 꺾어 꽃병에 꽂아두기보다 꽃을 가꾸어야 한다. 때와 장소에 따라 늘 변하는 살아있는 별을 가꾸려 한다.

나의 춤은 계속해서 춤추고 싶은 내 욕망의 표현이다. 그렇게 연습에 연습을 더하여 예배와도 같았던 이수자의 꿈을 이룬 나는 한때 목표를 잃고 허탈감과 무력감에 빠졌으나 새로운 에고의 움직임으로 다른 대회를 준비하게 되었다. 이수자의 꿈을 달성했으나 욕망은 끝이 없었다. 전국 무용 경연대회에서 대상을 받고 싶었다.

나는 살풀이춤으로 경연을 준비했다. 마침 어느 전국 대회에 참가하게 되었는데 내가 바라는 최고상을 놓치고 말았다. 그 대회의 심사위원이 스승님이었다. 그래서 어쩌면 기대를 더 하고 있었는지도 모른다. 대회의 심사 결과는 바로 공개되었고 마침 TV에도 생중계되고 있었다. 점수판을 본 나는 안타깝고 서운한 마음에 고개를 숙이고 말았다. 점수판에는 심사위원들의 점수가 공개되었는데 스승님의 점수가 다른 심사위원보다 더 낮게 나왔다. 대회를 마치고 돌아오는 길에 서운함이 밀려왔다. '어떻게 다른 분도 아니고 스승님이 나한테 더 낮은 점수를 주실 수 있을까?'

가는 길에 길가에 차를 세우고 눈물을 닦았다. 서운한 마음을 누르고 스승님께 문자를 드렸다. "요행을 바랐던 제가 너무 부끄럽습니다. 더 낮은 자세로 정진하겠습니다." 아마도 이러한 내용이었던 것으로 기억한다. 스승님께서는 "처음부터 잘된 사람치고 오래가는 사람 못 봤다"라며 나를 위로해 주셨다. 그 뒤로 더 각고의 노력으로 여러 대회를 준비하였고 패배를 맛보았다. 그러던 중 다른 대회에 참가하게 되었다.

나는 그 어느 때보다 아무런 기대를 하지 않았다. 그저 담담하고 차분하게 춤을 추고 무대를 내려왔다. 편안한 마음으로 짐 정리를 하고 집으로 가려는데 의상을 갈아입지 말고 기다리라는 전달을 받았다. 결과는 대상이었다. 그토록 원하던 큰상이었다. 기뻐서 눈물이 났다.

'정말 내가 1등을 했구나!'

스승님께 전화를 드렸다.

"감사합니다. 스승님, 제가 대상을 탔습니다. 모두가 스승님 덕분입니다."

"그래 이제 탈 때가 됐지, 축하한다."

오래가는 것이 무엇일까. 지금도 스승님의 이 말씀이 가슴에 남는다. 그리고 스승님을 생각하면 지금도 눈물이 난다.


## 춤의 코뚜레를 뚫어라

동자가 소를 얻고 나는 나의 소요 '참나'인 춤을 얻었다. 그러니 이제 얻은 나의 춤을 잘 간직하여 잊어버리지 말아야 한다. 바로 보림(保任)의 과정이다. 불교사전에서는 "깨친 이후에 지혜를 닦거나 깨달은 것을 연마·단련시키는 과정으로, 진리를 깨친 후 안으로 자성(自性)이 요란하지 않게 잘 보호하고 밖으로 경계에 부딪혀도 유혹당하지 않게 잘 지켜나가는 것"이라 풀이하며, "점수(漸修)와 같은 뜻"*이라고 설명한다. 사실 이 보림은 보호임지(保護任持)에서 온 말이다. 앞 글자 보(保)는 지키는 것이요, 임(任)은 보전하는 것이다. 그러니 무엇인가를 지키고 보전한다는 의미다. 『가산불교대사림』에서 보림은 "잘 간직하여 잃어버리지 않는다"라는 보호임지(保護任持)의 뜻에, "특히 선종에서는 주로 견성(見性)한 뒤에 그것을 잘 함양(涵養)하여 운용(運用)하는 것"**이라고 정의한다.

깨달음 이후에는 삶 자체가 실천이다. 곧 깨달은 대로 살아가는 것이 실천이다. 남과 내가 둘이 아니고 하나임을 알아야 한다. 즉 자타불이(自他不二)의 원리와 이치를 체득할 필요가 있다. 이러한 깨달은 이의 수행과 평상심을 유지해야 한다.

이렇듯 깨달은 이의 삶은 그 자체가 동체자비(同體大悲)***의 실천행이다. 왜냐면 깨달음은 나와 남, 이것과 저것의 경계를 깨고 자타불이(自他不二)의 세계를 체득하는 것이기 때문이다. 선은 번뇌가 그대로 깨달음이고 세간이 그대로 출세간이라는 믿음 위에 서 있기에, 깨달은 이의 수행은 번뇌 가운데 있되 번뇌에 속박되지 않고 그대로가 본래 부처의 자리임을 유지하는 묘수(妙修)이다. 세간에 있되 세간에 물들지 않고 세간에서 만행을 실천하며 교화 활동을 펼친다. 다시 말해서 깨달은 이는 평상심(平常心)에 따라 자연스럽게 임운(任運)하여 중생제도의 길을 가면서, 중생들의 근기에 따

---

* 김승동, 『불교사전』(민족사, 2011), p. 367.
** 이지관, 『가산불교대사림 9』(가산불교문화연구원, 2007), p. 173.
*** 모든 중생이 겪는 괴로움을 자신의 괴로움으로 삼는 자비를 말한다.

라 그때그때 저마다의 본래면목을 밝게 보여준다.●

　수행이 먼저인지 아니면 마음의 이치인 소를 먼저 얻는 것이 중요한지는 관점에 따라 다르다. 보조지눌●● 국사는 '돈오후점수(頓悟後漸修)'의 중요성을 강조했다. 마음을 깨우쳐도 버릇은 그대로 남아 있다. 바람이 잦아들어도 물결이 출렁이고 망상은 없어지지 않기에 '돈오(頓悟)'의 깨달음 후에는 그 마음이 본래의 기능을 잃지 않도록 수행해야 한다는 것이다.

　권준택은 지눌 수행 체계의 핵심을 돈오점수의 실천행인 오후(悟後)의 목우행(牧牛行)으로 보고, 궁극적으로는 자비와 지혜의 서원을 세워서 온갖 행을 실천하는 보현행을 닦는 것이라고 한다.●●● 석길암 역시 대자비의 서원을 일으키는 마음의 힘에 의지해서 보살도를 행함에 따라 각행(覺行)이 점차 원만해지는 것이 지눌의 점수이며 '보현행'이라고 한다.●●●●

　나는 돈오(頓悟)에서 돈(頓)의 의미를 '갑자기', '순간', '찰나'가 아닌 '언제나', '늘'로 해석하는 것이 바람직하다고 본다. 그러므로 이미 돈오(頓悟)에는 깨달음의 시간과 공간의 제한이 없다. 그렇기

---

● 조계종교육원불학연구소, 『불교입문』(조계종출판사, 2005), pp. 407~409.
●● 조계종을 창시해 한국 불교에 큰 영향을 준 고려 의종 때의 승려. 호는 목우자로 1182년 창평 청원사에 머물며 경전 공부에 매진하여 『육조단경』을 읽고 처음 깨달음을 얻었고, 1185년 보문사에서 3년간 대장경을 열람하면서 선과 교가 서로 다르지 않음을 알고 두 번째 깨달음을 얻었다.
●●● 권준택, 「지눌의 悟後修 연구」, 동국대학교 대학원 석사 학위 논문(2016), p. 97.
●●●● 석길암, 「지눌의 돈오와 점수에 대한 화엄성기론적 해석」, 『보조사상』 30호.(보조사상연구원, 2008), p. 406.

에 돈오후(頓悟後)는 늘 나답게 살기 위한 지킴과 기름이 필요하다.

    나를 드러내기 위한 지킴과 기름의 과정은 끊임없이 계속된다. 매년 '벽사춤' 동계, 하계 수련회가 있다. 이수자가 된 이후에도 나는 빼놓지 않고 그 연수에 참석했다. 연수는 통상 2박 3일로 진행된다. 2박 3일 동안 오직 춤만 춘다. 아침밥 먹고 춤추고, 점심밥 먹고 춤추고, 저녁밥 먹고 춤춘다. 저녁 연습이 모두 끝난 후에도 혼자서 춤을 추기도 한다. 머릿속에서는 춤 생각만 하고, 심지어는 잠을 자면서도 춤을 추는 꿈을 꾼다. 연수장에 도착해서 나오는 날까지 식사 시간, 잠자는 시간을 빼고는 모두 춤 연습이다. 동계 연수 때는 그나마 다행이지만, 하계 연수 때는 하루에도 여러 번 씻어야 할 만큼 땀으로 범벅이다.

    정재만 스승님은 늘 연수 때마다 기본에 충실해야 한다고 강조하셨다. 기본에 충실해야 정통성을 제대로 이을 수 있다는 것이다. 스승님이 먼저 꾸준하고도 성실하게 최선을 다하는 모습을 보여주셨기에 우리 또한 스승님을 닮아가기 위해 최선을 다했다. 그렇게 '벽사춤'의 정통성을 잇는 것이 우리의 전통춤을 보존하고 문화의 가치를 높이는 일이라 생각했다.

    우리가 매년 하는 수련회의 장소는 산 좋고 물 맑은 곳이다. 연수 중에 스승님이 자기 관리에 얼마나 철저한지를 알 수 있었다. 스승님은 새벽 일찍 일어나셔서 숲길을 거닐고 몸을 풀고 운동을 하시며 항상 몸 관리를 하셨다. 식사도 거르지 않으시면서 특히 아침 식사는 누룽지를 물에 담가 두셨다가 운동을 마치고 숙소에 들어오셔서 드신다고 하셨다.

그 당시 나는 30대 중반의 나이였다. 해외 공연, 찾아가는 문화 공연, 지역의 크고 작은 축제와 행사 대부분에 내가 이끄는 무용단이 참여했다. 그러다 보니 나 또한 스승님처럼 무용단을 이끌며 단원들을 가르치고 무대에 올리는 일을 자연스럽게 하게 되었다.

어느 날은 하루에 세 군데를 옮겨가며 공연한 적도 있었고, 하루에 많게는 네다섯 군데를 돌아다니며 강의를 하기도 했다. 대부분 주중에는 수업하고, 주말에는 공연 활동으로 한 주가 바빴다. 식사를 거르기 일쑤였고 그것도 차 안에서 해결할 때가 많았다. 그러다 보니 일도 일이거니와 젊은 나이임에도 몸 이곳저곳이 쑤시고 아팠다. 어느 날 평소대로 운전하는데 무릎 통증이 너무 심해서 가속을 할 수 없었다. 그런데도 수업 시간이 촉박해서 급하게 차를 몰기도 했다. 수업 중에 양쪽 무릎이 너무 아파서 굴신(屈伸)이 힘들었다. 그래도 거울 속에 비친 내 모습을 보며 긴 팔을 뻗고 감아가며 재빠른 발디딤을 노련하게 해냈다.

그 당시 나는 아파도 병원 갈 시간이 없다고 공공연하게 말했었다. 그러던 중 무릎이 너무 아파서 병원을 가보니 퇴행성 관절염이다.

'말도 안 돼! 내 나이 30대 중반에 퇴행성이라니.'

의사 선생님이 진단하고 말하기를 무릎뼈와 뼈 사이의 연골이 다 닳아서 거의 안 남아있다는 것이다. 통증이 더 심해지면 수술해야 할 수도 있다며 겁을 준다. 나는 친한 선배 언니 생각이 났다. 그

선배는 집안 사정으로 계속 춤추는 것은 무리라며, 어쩔 수 없이 포기할 수밖에 없다는 말을 남기고는 무용 세계를 떠났다. 그 언니에게 전화를 걸어 무릎 통증 이야기를 했다. 그랬더니 그 언니는 현재 주유소에서 남편 일을 돕는다며 무릎이 으스러지도록 춤추고 싶다는 말을 연거푸 한다. 언니는 아프더라도 자신이 하고 싶은 춤을 추는 것이 부럽다는 것이다. 그리고 바쁘다며 전화를 끊으라 한다. 내가 하고 싶은 춤을 추는 것이 얼마나 행복한 것인지를 다시 깨닫는다.

나는 무릎 통증을 처방받은 약과 연골 주사로 버텼다. 아직 으스러질 정도는 아니니 오늘도 열심히 무릎 꿇고 엎드리고 일어나기를 무한반복하고 춤추다 보면, 나도 스승님처럼 스스로 빛나는 춤꾼이 될 거라며 춤을 계속 췄다. 돌이켜보면 미련하고 어리석었지만 내가 찾은 소의 코뚜레와 고삐를 당겨야 한다는 마음이 강했다.

바다는 무한하게 바닷물을 저장하고 있다. 그 바다에 바람이 불어오면 바다는 파도를 일으킨다. 그 파도는 다시 무의식의 저장고에 들어있는 경험과 생각을 왜곡하고 편집하고 과장하고 일반화하고 특별하게 하며 새로운 파도를 일으킨다. 이 바람과 같은 외부 조건에 의해 일어나는 감각으로부터 나를 지킬 수 있는 든든하고 높은 방파제를 쌓아야 한다. 내 소[牛]요 나의 '참나'인 춤의 다른 경지로 나아가기 위하여 방파제를 쌓아가며 내 소의 코뚜레를 뚫는다.

## 사랑의 길

나는 산에 올랐다. 나의 소[牛]요 나의 '참나'인 춤의 산에 올랐다. 그리고 하늘을 향해 정상에 올랐음을 알렸다. 숲을 헤치고, 바위들을 건너뛰고, 나무를 지나며 길을 찾았다. 오르는 길에 발목이 삐어 절뚝거렸고 길을 잃어 다시 처음부터 길을 찾기도 했다. 오로지 나의 산을 오르겠다는 의지만으로 산을 올랐다.

산에 올라 보니 산에는 꽃도 피어 있고, 시원한 바람도 불었고, 같은 길을 가는 도반(道伴)도 있었다. 나는 환호작약(歡呼雀躍)하며 기뻐했다. 기어코 내가 그토록 원하던 산에 오른 것이니 이보다 더 기쁠 일이 있을까 싶었다. 태어나 처음부터 내 목표로 삼고 걸어온 나의 산에 올랐다. 나는 나의 소를 보았고 얻었다.

오르고 보니 그 산은 이미 내가 늘 꿈꾸었고, 내 안에 있는 산이었다. 비록 아직은 정상에 바람이 불고 미끄러우며 잠시 한눈을 팔고 있으면 불어오는 바람에 온몸이 날릴 지경이나 나는 늘 있는 그 산에 오른 것이다.

돈오돈수(頓悟頓修, Subitism)가 생각난다. 돈(頓)은 인과적 변이도 아니고 어느 시간이나 어느 공간이 아닌 세상 어디에나 늘 있는 것이다. 내 안의 나를 찾았으니 이는 어디에나 늘 있던 것이다. 깨달음을 얻어 부처가 된다면 그 자체로 이미 더는 수행할 필요가 없다는 말이 아니라 이미 돈(頓)의 경지에 모든 점(漸)을 포용하는 것이다. 깨달음을 얻어 부처가 되든, 소를 타고 집에 돌아가서 소마저 잊어버리고 세상으로 다시 들어가든, 나의 소인 춤을 깨닫는 경지에 이미 나의 점진적인 수행도 포함되어 있다. 그것은 내 욕망의 실현 과정이다.

플라톤의 『향연』에서는 본성의 존재에 관하여 이렇게 말한다.

> 모든 인간은 육체적으로나 정신적으로 임신하고 있어서 일정한 나이에 도달하면, 그들의 본성상 그 임신한 것을 생산하고자 합니다. 그런데 그러한 생산은 추함 속에서는 결코 일어날 수 없고, 단지 아름다움 속에서만 일어날 수 있답니다.●

우리는 본래 태어날 때부터 완전체였다. 다만 알아차리지 못했을 뿐이다. 즉 우리 인간들은 각자의 안에 임신한 상태다. 임신한 것을 생산하는 것은 죽을 수밖에 없는 삶을 영원한 삶으로 이끄는 일이다. 육체가 임신을 통하여 아이를 낳고 불사의 삶을 이어가듯 영혼 또한 출산을 통해 본성을 알아차리게 된다.

나는 생각했다. 나는 생산을 했을까. 출산을 통해 깨달음을 얻었다면 더 이상의 수련이나 수행이 필요 없을까.

지눌은 돈오점수를 설명하기 위해 비유를 두 가지 사용했는데, 하나는 태양이 뜨고 봄이 와도 겨우내 쌓인 눈이 한 번에 녹지

---

● 플라톤 저, 박희영 역, 『향연』(문학과지성사, 2021), pp. 128~129.

는 않는다는 것, 그리고 다른 하나는 어린아이가 감각기관을 갖추고 세상에 태어났으나 인간으로서 제 기능을 하려면 어른이 되어야 하고 그 과정에서 먹고 마시고 자고 운동하고 배우는 과정을 거쳐야 한다는 것이다.

그러나 이미 나는 깨달음을 통해 내 안에 모두를 다 가지게 되었다. 나는 나의 소(牛)를 얻었으니 이제 그 소를 길들여야 한다. 내가 비록 이수자의 자격과 큰 상을 얻었으나 나의 빛을 계속해서 드러내고자 하는 열렬한 바람은 끝이 없다. 나를 지키고 닦는 여정은 계속되어야 함을 알아차렸다. 내가 오르려고 했던 산의 정상과 올랐다고 믿었던 산은 내 욕망의 거점이었다. 그 거점들은 끝없는 자아실현의 과정이다.

내 안에 있던 본성은 깨달음을 통해 다 얻었다. 이제 나는 나의 소(牛)인 춤의 길을 걸으며 늘 닦음의 길 위에 서 있다. 나의 '소', 나의 '도', 나의 '참나'의 닦음[修身]과 지킴[守身]의 여정을 이어간다. 완전하고 이상적인 나를 지키기 위한 사랑의 길은 계속되기 때문이다.

어느 날 우연히 책 한 권을 읽었다. 뒤적뒤적 그 책을 읽다가 '밝은 깨달음'이라는 말이 눈에 보인다. 전 같으면 그냥 넘어갔을 말을 되새긴다.

다음은 노자의 『도덕경』 제52장이다.

　　天下有始

以爲天下母

旣得其母

以知其子

旣知其子

復守其母

沒身不殆

塞其兌閉其門

終身不勤

開其兌濟其事

終身不救

見小曰明

守柔曰强

用其光

復歸其明

無遺身殃

是謂習常

천하에 시작이 있으니
이를 천하의 어머니라 한다.
이미 천하의 어머니를 얻었으면
이로써 그 자식을 알 수 있고
이미 그 자식을 알고

그 어머니를 지킬 수 있으면

죽을 때까지 위태롭지 않다.

그 구멍을 막고 그 문을 닫으면

평생 힘들이지 않아도 되지만,

그 구멍을 열고 그 일을 만들어 보태면

평생토록 구제받지 못한다.

보이지 않는 것을 보면 '밝은 깨달음'이라 하고

부드러움을 지키면 이를 일컬어 굳세다고 한다.

내면의 밝은 지혜를 써서

깨달음으로 돌아가면,

자신에게 재앙을 남기지 아니하니

이를 일컬어 도(道)에 든다고 한다.●

도에 드는 것은 깨달음으로 돌아가 자신에게 재앙을 남기지 않는 것이라 했다. 내면의 밝은 지혜를 써야 하고 작게 보는 것이 '밝은 깨달음'이라 한다. 이제 나도 내면의 밝은 지혜를 써서 보이지 않는 것을 보면[見小] 그것을 깨달음[曰明]이라 한다. 그러면 내가 얻은 이 깨달음은 작은 도의 씨앗이라도 되는 것일까. 작은 깨달음이나 나의 도를 얻었으니 이제 나의 소를 키우는 일만 남았다.

첫 마음으로 돌아가자. 처음 보자기를 날리며 춤을 추던 그

---

● 편상범, 『나를 찾는 도덕경』(황금비, 2022), pp. 51~52.

마음, 새해 첫날 마침 눈이 내린 집 앞 골목길을 걷던 그 마음, 춤을 시작하고 처음 무대에 올라 공연할 때의 그 마음, 스승님으로부터 "이제 춤이 제 모습을 보이는구나"라는 말을 듣고는 설렘에 잠 못 이루던 그 마음으로 돌아가자.

연습을 시작한다. 밥을 먹는 것도 잊고, 나도 잊고, 세상도 잊고, 춤도 잊고, 오직 깨달은 나를 바라보며 몸을 움직인다. 스승의 말씀도 잊고, 스승의 동작도 잊고, 나만의 경지에서 춤을 춘다.

몇 달 동안의 무리한 연습에 무릎 관절에 염증이 심해졌다. 그래도 통증이 즐겁다. 내가 살아있다는 증거이고, 내 소가 잘 길러지고 있다는 의미 아닌가. 그렇게 어렵게 잡은 나의 소, 나의 춤, 나의 깨달음은 조금씩 길러지고[牧牛] 있었다.

# 기우귀가(騎牛歸家),
## 소를 타고
## 집으로 돌아가다

### 정신과 영혼의 성숙

　동자는 소를 타고 피리를 불며 집으로 돌아가고 있다. 온갖 어려움을 다 겪은 끝에 소의 고삐를 잡았고 드디어 그 소를 타고 천천히 집으로 돌아간다. 이제 모든 싸움은 끝이 났다. 소를 찾고자 했던 동자는 소를 발견하고, 소를 얻고, 소를 길들여, 소를 타고 집으로 돌아간다. 기우귀가(騎牛歸家)다.
　그러나 생각해 보면 얻은 것도 없고 잃은 것도 없다. 본래 없었던 것이고 본래 있던 것이다. 동자가 찾은 소도 내가 찾은 춤도 사실은 모두 내 안에 없었던 것이고, 본래 있던 것이다. 내가 '참나'를 찾았으나 돌이켜보면 나의 적은 또한 나의 마음이다. 탐욕, 성냄, 자만, 욕심 같은 마음이 나를 갈등과 혼란 속으로 밀어 넣는다. 그런 상태에서 벗어나려면 수행의 깊이가 더해져야 한다.

소를 타고 동자가 집으로 돌아오는 것은 상대유한(相對有限)의 세계에서 벗어나는 것이다. 상대유한(相對有限)의 나는 없어지고 '참나'의 존재를 깨달은 자의 여유로움이 느껴지는 경지다. 절대 무한세계는 부처가 있는 곳이고, 깨달은 자가 있는 곳이다. 그 경지에 드는 것은 결국 참된 나를 찾아 본향(本鄕)으로 돌아오는 것이다.

기우귀가(騎牛歸家)의 경지는 조건이 필요한 것이 아니다. 소를 타고 소가 이끄는 대로 소에 의지하여 돌아온다. 더는 무엇인가를 추구하는 삶이 아니라 상대유한의 나를 버리고 본래의 나를 찾아 '참나'를 드러내면서 사는 삶이다. 습(習)이라는 야성의 습기(習氣)를 털어버린 소와의 긴 싸움이 마무리되었다는 것이다. 참된 생명의 가치는 절대무한(絶代無限)의 가치를 가지고 있다.

아무것도 고정된 것이 없는 상태를 '공(空)'이라고 한다. 그러나 공은 단순히 아무것도 없는 '빔'을 의미하지는 않는다. 어떤 형태로 정의되지 않고 한정하지 않는 무한의 가능성을 가진 그 자체가 바로 공이다. 그 공의 상태가 바로 기우귀가(騎牛歸家)의 경지다.

십우도(十牛圖)의 제6도 기우귀가(騎牛歸家)는 소를 타고 집으로 돌아가는 것이다. 『십우도송(十牛圖頌)』 기우귀가의 서(序)는 다음과 같다.

干戈已罷, 得失還空.
唱樵子之村歌, 吹兒童之野曲.
身橫牛上, 目視雲霄.
呼喚不回, 撈籠不住.

전쟁이 이미 끝났으니, 얻고 잃음이 도리어 없다.
나무꾼의 시골 노래를 부르며, 어린아이의 풀피리를 불어본다.
소 등에 누워, 눈은 먼 하늘을 바라본다.
불러도 돌아보지 않고, 붙잡아도 머물지 않는다.

이 경지는 소를 타고 집으로 돌아가는 것이다. 지금까지의 경지는 주제가 '소'였으나 이제는 집이 나온다. 집이 나오는 것뿐만 아니라 집으로 돌아가는 새로운 주제가 제시된다. 본래 있던 곳으로 돌아가는 것이 깨달음을 얻은 부처가 되는 것이고, 본성을 찾아 '참나'의 경지에 오르는 것이다. 나의 춤도 이제 '소'와 함께 춤의 본래의 경지로 돌아가는 단계다.

곽암 선사는 『십우도송(十牛圖頌)』에서 기우귀가(騎牛歸家)의 이러한 경지를 다음과 같이 적고 있다.

騎牛迤邐欲還家
羌笛聲聲送晚霞.

정서흘, 〈십우도(十牛圖) 중 기우귀가(騎牛歸家)〉, 2024.

一拍一歌無限意

知音何必鼓脣牙.

소를 타고 유유히 집으로 돌아가노라니
오랑캐 피리 소리가 저녁놀에 실려 간다.
한 박자 한 곡조가 한량없는 뜻이려니
지음(知音)이라면 어찌 입을 열어 말을 하겠는가.

소를 타고 여유롭게 집으로 돌아가는 길에 들리는 오랑캐 피리 소리는 익숙했던 상대적인 세계를 깨버린 절대적인 세계를 의미한다. 전통의 피리 소리가 아닌 오랑캐의 피리는 형식에서 벗어난 것이다. 전통적이고 익숙한 것을 고집하는 상대의 세계가 아니라 아무것에도 얽매이거나 대립하지 않는 절대의 세계에 들어감을 말한다. 그러한 피리 소리가 저녁놀에 실려 감은 모두가 조화로운 세계에 들어감을 뜻한다. 무엇인가를 구함이 없기에 한 박자 한 곡조가 한량없는 뜻을 지니게 된다.

다음 그림은 필자의 심화도(尋花圖) 중 제6도 연화귀가(輦花歸家)다.

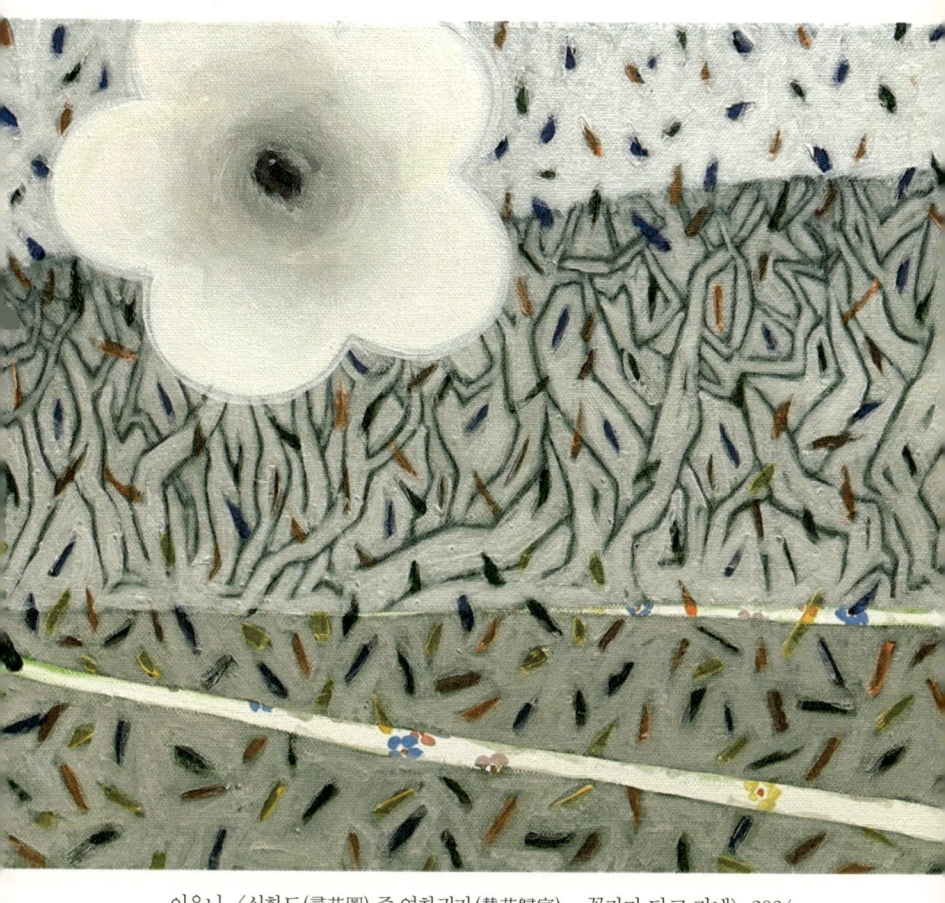

이유나, 〈심화도(尋花圖) 중 연화귀가(輦花歸家) — 꽃가마 타고 가네〉, 2024.

꽃이 이미 내 안에 들어와 피어 있다. 꽃은 더는 바람에 흔들리지 않는 내 마음의 꽃이 되었다. 나는 이제 꽃과 함께 꽃가마 타고 집으로 간다. 빈 하늘 가득 달이 떠올라 온 세상을 비추니 나와 꽃이 함께 달꽃이 되었다.

자신의 연주를 알아주던 '종자기'라는 친구가 죽자 다시는 연주하지 않았다는 '백아'의 고사를 떠올리게 하는 '지음(知音)'은 말할 필요가 없는 경지를 말하고 있다. 어렵게 찾아낸 소를 이제는 길들였기에 마음의 갈등이 사라지고, 몸 안에는 생명의 기운이 가득하다.

산에 가면 산이 되고 물에 가면 물이 되는 경지가 되어 대자연과 함께 즐기는 환희의 마당이 펼쳐진다. 삶은 갈등이 아니라 축제가 된다. 이것이 깨달음이라는 나의 소, 나의 춤을 얻은 이의 경지를 말하고 있다. 수행하는 수도자가 가고자 하는 본향(本鄕)은 큰 집이 아니라 대우주가 바로 내가 사는 집이요, 자신이 우주가 되어 함께 사는 것이다.

### 구멍 없는 본성의 소리를 듣다

이 경지에 이르면 작은 노랫소리 하나에도 생명이 담기고 무한한 우주를 근원으로 하기에 대우주의 품에서 진리를 누리며 살게 된다. 작은 손짓 하나에도 큰 의미를 담고, 작은 발길 하나가 자연의 이치에 어울리며, 온몸이 대우주와 하나가 되어 함께 공감하는 경지다. 기우귀가(騎牛歸家)는 소와 동자가 하나가 되어 본향(本鄕)으로 돌아가는 모습이다.

그런데 기우귀가에서 동자는 구멍 없는 피리를 불며 본향으로 돌아온다. 구멍 없는 피리는 소리를 낼 수 없다. 그러니 구멍 없는 피리에서 나는 소리는 귀로는 들을 수 없는 소리다. 구멍이 없으나 자유자재로 소리가 난다. 이 소리가 바로 묘음(妙音)이다. 이 묘음이 바로 천상의 소리요 자유의 소리다. 그 소리는 바로 '참나'이며 본성에서 흘러나오는 소리를 상징하고 있다. 동자는 구멍 없는 피리를 불며 이제 내가 내 마음을 타고 본래의 세계로 되돌아오게 된다.

운문 선사는 "남산에 구름이 일어나니, 북산에 비가 내린다[南山起雲 北山下雨]"라고 말했다. 곧 김 영감이 술을 먹는데, 이 영감이 취한다는 것이고, 구멍 없는 피리를 불고, 줄이 없는 거문고를 탄다는 말이다.

김우연 시인은 「구멍 없는 피리 소리」*라는 시에서 이렇게 쓰고 있다.

  그 누가 불고 있나
  구멍 없는 저 피리를

  소리 없이 들려오니
  달빛은 더욱 밝고

---

● 김우연 시조, 출처 https://maeksijo.tistory.com/8891101. (검색일: 2024. 2. 18.)

놓아야

저 깊은 곳에서

반짝이는 빛이여.

놓아야 저 깊은 곳에서 들려오는 구멍 없는 피리 소리를 들을 수 있다. 춤의 길도 마찬가지다. 형식도 잊고 동작도 잊고 팔과 다리도 다 잊어야 한다. 세상을 잊고 나를 잊고 무아의 경지에 들어야만 내 춤의 모습을 볼 수 있고, 내 춤의 소리를 들을 수 있고, 내 춤의 향을 맡을 수 있고, 내 춤의 감촉을 느낄 수 있다. 생사마저 뛰어넘는 경지에 들어야 한다. 그 길이 내가 가야 할 춤의 길이다.

춤은 어떠해야 할까. 『도덕경』 8장은 물의 속성에 관하여 말하고 있다. 특히 첫 구절의 상선약수(上善若水)는 가장 훌륭한 것은 물과 같다는 말이다. 노자는 바람직한 삶의 태도를 물에 빗대 말한 것이다. 한마디로 말하면 물처럼 사는 것이 좋다는 말이다. 물이 가장 훌륭하니 춤도 물처럼 추어야 한다.

『도덕경』 제8장은 물의 속성에 관하여 이렇게 적고 있다.

上善若水

水善利萬物而不爭

處衆人之所惡

故, 幾於道

居善地

心善淵

與善仁

言善信

正善治

事善能

動善時

夫唯不爭

故, 無尤


가장 훌륭한 것은 물과 같다.
물은 만물을 이롭게 하면서도 다투지 않고
모든 사람이 싫어하는 낮은 곳에 머무른다.
그러므로 도에 가깝다.
머무르는 데는 땅이 좋고
마음은 깊어야 좋으며
더불어 사는 것은 어질어야 좋고
말은 믿음직스러워야 좋고
정치는 바르게 다스려져야 좋고
일은 잘할 줄 아는 게 좋으며
움직임은 때를 맞추어야 좋다.
무릇 물은 다투지 않으며

그러므로 허물이나 탈이 없다. *

    춤은 세상 모두를 이롭게 하나 다투지 않는다. 춤은 사람들을 위해 기꺼이 춤을 추는 수고를 아끼지 않는다. 그러니 춤은 도에 가깝다. 춤이 머무르는 곳은 낮은 곳이 좋다. 춤의 깊이는 깊고, 춤의 동작은 믿음직스럽다. 춤은 바르게 추어야 하고, 춤은 잘 추어야 하고, 춤은 때를 맞추어 움직여야 한다. 그리고 춤은 서로 다투지 않기에 허물도 탈도 없다.

    춤은 물처럼 가장 훌륭한 것이다. 물이 자기의 모습을 고집하지 않는 것처럼 춤은 자신의 추어짐을 고집하지 않는다. 물은 추우면 얼고, 따뜻하면 부드러운 액체가 되고, 뜨거우면 자기의 몸을 허공에 기체로 날려버린다. 춤도 엄숙한 분위기에서는 엄숙한 춤을 추고, 부드러운 분위기에서는 따스한 춤을 추며, 흥겨운 분위기에서는 자기의 몸을 흥에 맡긴다. 그러니 춤은 도이고 깨달음이고 '참나'다.

## 코뚜레도 버려라

    소를 타고 집으로 돌아오는 길은 참 평화롭고 여유가 있다. 그저 소에게 몸을 맡기고 돌아오면 된다. 어떻게 소의 고삐를 잡고 코뚜레를 조정할 것인가를 걱정하지 않고 그저 자연스럽게 흘러간다.

---

● 편상범, 『나를 찾는 도덕경』(황금비, 2022), p. 80.

이수자가 된 후 크고 작은 공연이 계속 이어졌다. 그러던 중 2012년 국립극장 해오름극장에서 '서울춤 열두 거리'라는 큰 공연을 했다. 공연에 참석한 무용수가 80여 명이 넘었다. 이렇게 많은 인원이 한꺼번에 무대에 오르는 공연은 흔하지 않았다. 모든 무용수가 꿈꾸는 그런 꿈의 무대다. 나는 이 공연에서 승무, 태평무, 산조무에 출연했다. 정말로 무용수로 물이 오른 때였다. 소를 타고 나의 본향인 집으로 돌아가는 길이니 얼마나 신나고 즐겁고 행복한 일인가. 공연은 바쁘게 진행되었다. 공연과 공연 사이에 시간이 부족하여 옷을 갈아입을 여유가 없다. 소품을 준비하는 것도 여간 신경이 쓰이는 것이 아니다.

그렇게 공연을 준비하고 연습하는 중에 대상포진에 걸렸다. 통증이 너무 심했다. 대학 출강과 제자들 지도로 쉴 날이 없었던 탓에 더욱 무리가 된 것이다. 통증이 심한데도 약을 먹어가며 공연 연습을 했는데, 다행히 성황리에 막을 내렸다.

공연이 끝나고 바로 다음 날 스승님께서 바람을 쐬고 싶다며 내가 사는 양평으로 오신다는 것이다. 어제 그 큰 공연을 하시고 쉬셔야 할 텐데 어찌 괜찮으시냐고 여쭈니 쉬고 싶고 내가 보고 싶어 오신다는 것이다. 스승님은 예전에도 여러 번 양평을 찾아주신 적이 있다. 나는 스승님을 따로 만날 수 있다는 것이 너무 기쁘고 반가웠다. 소풍을 기다리는 아이처럼 가슴이 설레었다.

스승님은 다음 날 의상 디자이너 이○○ 선생님, 남자 제자 한 명과 함께 내려오셨다. 그날 나는 평생학습센터에서 일반인을 대상으로 수업하고 있었다. 수업하신 분들도 이번 공연을 보러 오신 분들이어서 함께 스승님을 맞이하기로 했다. 스승님은 평생교육센터를 둘러보시고 춤 공부하는 분들의 손을 하나씩 잡고는 격려의 말씀을 하셨다. 그리고 모두 함께 모여 스승님과 밥을 먹고 차를 마셨다. 차를 마시며 스승님과 이런저런 대화를 나눴다. 나는 스승님의 나를 향한 관심과 사랑을 느꼈고, 그 마음에 깊은 감사를 드렸다. 그날 스승님은 단체를 이끄는 데 있어서 리더의 중요성을 말씀하셨다. 어제 성황리에 끝난 공연은 제자들 덕이었다며 모든 것을 제자들 덕으로 돌리시고 인자하고 환한 웃음을 보이셨다. 나는 지금도 그날 스승님이 내게 하신 말씀을 잊을 수가 없다.

"부드럽고 강하게

강하고 부드럽게

춤추듯 사람을 대하라.

거짓 없는 춤을 추듯

열정적인 춤을 추듯

편안한 춤을 추듯

물 흐르는 대로 자연스럽게

역행하지 말아라.

깨끗하고 담백한 춤을 추듯

바른 인성과 고고한 성품을 갖추고 늘 한결같아라.

그리고 항상 초심을 잃지 말아라."

강한 것과 부드러운 것을 어떻게 하나의 틀에 둘 수 있는지 쉽지 않다. 열정적으로 거짓 없이 편안한 춤을 추라고 하신다. 춤은 물 흐르는 대로 자연스럽게, 역행하지 말고 추라고 하신다. 바른 인성과 고고한 성품을 갖추고 한결같아야 한다고 말씀해 주신다. 그리고 어느 경우에든 항상 초심을 잃지 말 것을 당부하신 것이다.

스승님은 내게 어떤 춤을 추고 싶으냐고 물어보셨다. 나는 스승님께 대답하였다.

"달래주는 춤입니다.
풀어주는 춤입니다.
나 너 우리가
잘되기를 바라는 기도하는 춤입니다.
그러한 마음을 나눠주는 춤을 추고 싶습니다."

스승님은 내 말을 듣더니 이렇게 말씀하셨다. "몸은 마음의 표현이지. 춤추는 것을 보면 그 사람이 살아온 삶이 보이고 사람이 보인다. 지금처럼 깨끗하고 단아한 모습으로 춤추기를 바란다." 그렇게 오랜 시간 춤과 인생과 삶 이야기를 하고는 선생님은 손을 흔들고 떠나셨다. 나는 그렇게 나의 소를 타고 나의 본향에 돌아왔다.

# 망우존인(忘牛存人),
## 소를 잊고
## 나만 남다

### 나와 소는 둘이 아니다

 소를 찾은 동자는 소를 얻어 길러 소를 타고 집으로 돌아온다. 그런데 돌아와 보니 소는 없고 동자만 남았다. 망우존인(忘牛存人)은 소는 잊고, 사람만 남은 것이다. 본시 소와 나는 둘이 아니다. 불이(不二)는 세상 어느 것이든 분별하지 않는 그래서 언어유희에서 벗어난 절대 경지다. 부처와 중생이 둘이 아니다. 선(善)과 악(惡)이 둘이 아니다. 유(有)와 무(無)도, 공(空)과 색(色)도 둘이 아니라는 것이다. 공과 색, 생(生)과 사(死), 부처와 중생이 따로 존재하지 않고 서로 의존하여 존재하기에 서로 다르지 않다는 것이다.
 그러니 태어남[生]도 아니고 없어짐[滅]도 아니다. 항상[常]도 아니고 끊어짐[斷]도 아니다. 같은 것[一]도 아니고 다른 것[異]도 아니다. 옴[來]도 아니고 감[去]도 아니다. 불이사상(不二思想)은 부처님의 근본 가르침이다. 이 사상은 바로 무아(無我)에서 출발한다. 무아(無我)는 '내가 없다'는 의미를 떠나서 '나와 남이 둘이 아니라 하나'라는 세계관의 실천이다.

나와 소는 둘이 아니고 하나이다. 그렇기에 소를 타고 고향에 왔으나 소는 없고 나만 남게 되는 것이다. 이미 소와 내가 둘이 아니기에 채찍(각성)도 고삐(수양)도 부질없는 것이 된다. 소를 찾아 고향을 떠나 소를 얻고 길들여 본향으로 돌아오니 얻은 소는 없다. 잃은 것도 얻은 것도 없다. 나를 찾아 먼 길을 떠났으나 이제 그것마저 초월한 경지가 망우존인(忘牛存人)이다.

십우도(十牛圖)의 제7도 망우존인(忘牛存人)은 소는 잊고 나만 남는 것이다. 『십우도송(十牛圖頌)』 망우존인의 서(序)는 다음과 같다.

    法無二法, 牛且爲宗.
    喩蹄兔之異名, 顯筌魚之差別.
    如金出礦, 似月離雲.
    一道寒光, 威音劫外.

법에는 두 가지 법이 없으나, 잠시 소를 근본으로 삼았다.

비유하자면 올무와 토끼의 이름이 다른 것과 같고, 통발과 고기가 구별되는 것과 마찬가지다.

금이 광석에서 나오는 것과 같고, 달이 구름을 벗어난 것과 비슷하니

한 줄기 서늘한 빛은 겁 밖[劫外]의 위음[威音]이로다.

소는 이제 자신의 할 일을 모두 마쳤기에 자취를 감춘다. 소는 본래 있던 곳으로 돌아오려는 방편이었다. 본래 있던 곳으로 돌아왔으니 이제 소를 잊어야 한다. 물건(物件, 일정한 형체를 갖춘 물질적 대상)은 원래 두 개가 아니라 하나였다. 현실의 자아와 본 자아가 나누어졌다가 다시 하나가 된 것이다. 달이 구름에 가리었다가 구름을 벗어나고 금이 광석 속에 있다가 다시 나오는 경지다. 나의 춤도 내가 걸어야 할 길, 깨달아야 하는 길의 방편이었다. 이제는 스승도 잊고 춤도 잊고 새로운 나만의 깨달음의 경지로 나가야 한다.

곽암 선사는 『십우도송(十牛圖頌)』에서 망우존인(忘牛存人)의 이러한 경지를 다음과 같이 적고 있다.

騎牛已得到家山

牛也空兮人也閑.

紅日三竿猶作夢

鞭繩空頓草堂間.

소를 타고 이미 고향에 이르렀으니
소는 없고 사람만 한가롭네.
붉은 해가 높이 솟아도 여전히 꿈꾸는 것 같으니
채찍과 고삐는 초가에 부질없이 놓여있네.

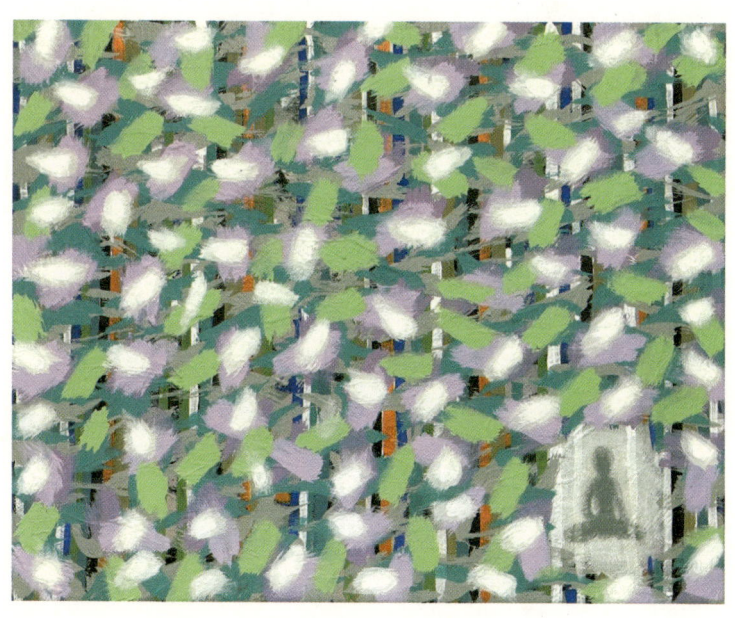

정서흘, 〈십우도(十牛圖) 중 망우존인(忘牛存人)〉, 2024.

불일불이(不一不二)에서 일(一)은 절대적인 일을 의미하지는 않는다. 상대적인 개념의 일(一)이다. 불일불이(不一不二)는 상대와 내가 하나가 아니다. 동시에 둘도 아니라는 말이다. 하나라는 말이 성립하면 벌써 상대가 있다는 것이니 분별이 생기나 분별할 일이 아니라는 것이다. '무명(無明)과 깨달음이 하나'이기에 동자는 소를 잊는다. 무명과 깨달음이 하나라고 해도 아무런 노력을 하지 않으면 부처가 되지 못한다.

이 경지를 불교에서 보면 중생이 이미 깨달음을 얻어 부처가 된 것으로 더는 수련을 요구하지 않는다. "부처를 만나게 되면 부처를 죽이고, 조사(祖師)를 만나게 되면 조사를 죽여라"라는 화두와도 내용이 서로 통한다.

다음 그림은 필자의 심화도(尋花圖) 중 제7도 망화존인(忘花存人)이다.

이유나, 〈심화도(尋花圖) 중 망화존인(忘花存人)―별이 된 꽃〉, 2024.

나와 함께 집으로 돌아온 꽃은 자신을 태워 하나의 영원한 꽃을 피우고는 별이 되었다. 별이 된 저 꽃이 더 밝게 빛나는 것은 내가 흘린 눈물 탓이다. 이제 꽃은 별이 되어 잊히고 또 다른 꽃만 남았다.

노자의 『도덕경』 제2장은 성인의 모습에 관하여 말한다.

天下皆知美之爲美
斯惡已
皆知善之爲善
斯不善已.
故, 有無相生
難易相成
長短相較
高下相傾
音聲相和
前後相隨
是以聖人
處無爲之事
行不言之敎
萬物作焉而不辭
生而不有
爲而不恃
功成而弗居
夫唯弗居
是以不去

세상 모두가 아는 아름다움을 아름답다고 하는데

바로 그것이 더러움이요

모두 아는 선(善)을 선(善)이라고 하는데

그것이 바로 선(善)하지 아니함이다.

그러므로 있음과 없음은 서로 말미암아 생기고

어려움과 쉬움도 서로 말미암아 이루어지며,

길고 짧음도 서로 말미암아 견주어지고

높고 낮음도 서로 말미암아 치우침이 생기며,

내는 소리와 들리는 소리도 서로 말미암아 조화를 이루고

앞과 뒤도 서로 말미암아 따르는 것이다.

그래서 성인(聖人)은

모든 일을 무위(無爲)로 하고

말 없는 가르침을 행하며,

만물을 이루어 내되 가려서 버리지 않고

낳아도 소유하지 않으며,

자기가 한 것을 뽐내지 않고

공을 이루어도 그 자리에 머물지 않는다.

그 공에 머물지 않기에

그 공이 사라지지 않는다. ●

---

● 편상범, 『나를 찾는 도덕경』(황금비, 2022), pp. 146~147.

세상 사람들은 아름다움과 더러움, 착함과 못됨, 있음과 없음, 어려움과 쉬움, 길고 짧음, 높고 낮음을 말한다. 그렇지만 이 모두 상대적으로 어우러지고 그 상대적인 것은 분리된 것이 아니다. 분별한다는 것은 어떤 것을 고정된 시각으로 보는 것이다. 세상에 고정되고 불변한 것이 어디에 있나. 미추, 선악, 유무, 장단, 고저가 분리된 것이 아니라 원래 하나다. 이들은 서로가 안에 내재한다. 분리하는 분별의 의식에서 원래 하나임을 깨달아 길들인 소를 잊게 되는 것이다.

『반야바라밀다심경찬(般若波羅蜜多心經贊)』●에 나오는 "색불이공공불이색(色不異空空不異色) 색즉시공공즉시색(色卽是空空卽是色)"은 색과 공이 서로 다르지 않고 공이 색과 서로 다르지 않으며, 색이 바로 공이요 공이 바로 색이다"라는 의미다. 색과 공을 차별적인 개념으로 이해하지 않고 대립과 차별이 아닌 하나의 의미로 바라보는 것이다.

### 내 춤의 아버지, 나의 소

삶과 죽음의 길이 멀리 있지 않음을 모르지 않으면서도 죽음

---

● 대승불교 반야사상(般若思想)의 핵심을 담은 경전. 우리나라에서 가장 널리 독송되는 경이다. 완전한 명칭은 "마하반야바라밀다심경(摩訶般若波羅蜜多心經)"이다.

은 늘 아프고 서럽고 슬프다. 더욱이 그 죽음의 대상이 부모보다도 더 가깝고 더 사랑했던 분이라면 슬픔과 아픔의 강도는 다르다.

나에게는 내 인생과도 같은 나의 소를 찾아 이끌어주시던 내 춤의 아버지인 정재만 스승님이 계셨다. 그런데 그러한 스승님이 교통사고로 돌아가셨다는 청천벽력 같은 슬픈 소식을 들었다. 나는 넋이 나갔다. 하늘이 무너지는 슬픔이었다. 누군가에게 하나의 죽음은 그냥 흔하고 진부한 일일 수 있으나 가족이나 가까운 사람에게 그것은 하늘이 무너지는 슬픔이다. 하나의 세계가 무너지는 고통이다.

스승님의 죽음은 바로 하늘과 세계가 무너지는 처절하고 처참한 고통이었다. 대비한다고 죽음을 대하는 고통이 줄어들 리 없지만 그래도 갑작스럽게 닥쳐온 죽음은 이루 형언할 수 없는 슬픔이다. 바로 오늘 오전까지도 스승님과 문자를 주고받았는데 어떻게 스승님의 비보를 이해할 수 있을까. 사실이 아닐 거야, 사실일 리가 없어. 무엇인가 잘못 알려진 것이겠지. 나는 혼자서 중얼거리며 기도했다. 부디 이 소식이 잘못 알려진 것이기를.

그러나 스승님의 타계는 사실이었다. 한국무용계의 거목이 쓰러진 것이다. 스승님의 타계는 단지 한 사람의 죽음에 그치는 것이 아니라 무용계의 큰 손실로 이어졌다. 무용계뿐이 아니라 대한민국 문화예술계의 큰 손실이었다.

나를 비롯한 제자들은 모두 장례식장에 모였다. 장례식장에는 스승님의 영정이 걸려있었다. 영정 속에서 스승님은 웃고 계셨고 우리는 그 웃음 앞에 모두 엎드려 울고 또 울었다. 그렇게 장례를 치르는 내내 우리는 울고 또 울었다. 얼마나 울었던지 눈이 퉁퉁 붓고 꿈인지 생시인지를 모를 상황이 되었다. 장사(葬事)를 치르고 스승님은 한 줌 재가 되어 하늘나라로 가셨고, 우리는 어미 잃은 병아리처럼 세상에 남겨졌다. 우리는 스승님을 보낼 아무런 준비도 하지 못했는데 스승님은 한마디 말씀도 남기지 않으시고 우리 곁을 떠난 것이다.

집에 돌아와서도 내 정신이 아니다. 집에서도 울고 울었다. 우는 것 말고는 할 수 있는 것이 아무것도 없었다. 이 상황에서 내가 할 수 있는 일이 무엇이 있을까. 그저 울고 또 울뿐이었다. 울다가 지쳐 잠이 든 날, 스승님이 꿈속에 찾아와 주셨다. 스승님은 나의 손을 잡고 머리를 쓰다듬으며 격려하셨다. 잘 견디라고, 잘 견뎌서 너의 춤을 추라고 웃으신다. 꿈속에서 뵌 스승님은 돌아가신 분이 아니었다. 나는 스승님을 붙들고 울다가 잠에서 깨어났다. 다시 깨어난 세상에 스승님은 없었다. 스승님의 부재가 서러워 울고 또 울었다.

스승님이 얼마나 큰 느티나무였는지, 스승님의 그늘이 얼마나 크고 소중했는지 스승님이 떠나가고 나서야 절실하게 깨달았다. 스승님께 조금 더 잘해 드리고, 스승님의 가르침을 조금 더 받았으면 얼마나 좋았을까 하는 한탄과 후회가 밀려왔다. 나는 하늘에서 춤을 추고 계실 스승님을 그리워하며 또 그리워했다.

스승님을 보내고 내가 할 수 있는 일은 오직 하나뿐이었다. 소를 찾은 동자가 소를 타고 집으로 돌아오니 소는 사라지고 사람만 남지 않았던가. 내가 나의 소인 춤을 찾아 집으로 돌아왔더니 스승님은 사라지고 나만 남은 것이다. 본시 소와 내가 둘이 아니라 하나였으니 스승님과 나도 이제 둘이 아니고 하나가 된 것이다. 망우존인(忘牛存人), 깨달음의 방편인 소는 잊고 나만 남았다.

스승님이 떠나신 이후의 내 삶은 오직 춤과의 동행이었다. 시간이 나면 춤추고 스승님을 생각하고 또 춤추는 날들이었다. 이제 소를 잊고 나만 남았으니 내 안의 소를 키워야 한다. 어느 날은 춤을 연습하다가 다리에 쥐가 나서 쓰러지기도 하고, 어느 날은 발에 물집이 잡히기도 했다. 그렇게 마음을 가다듬어 나를 바라본다. 춤사위가 보인다.

어느덧 세월이 흘러 4대 벽사 호를 물려받은 스승님의 아들 정용진 선생님과 제자들이 모여 10주기 추모 공연을 준비하고 있다. 공연의 주제는 '재회(再會)'다. 이 10주기 공연을 통해 나는 다시 스승님을 만나게 될 것이다. 내 춤 안에 늘 스승님이 살아 계시고, 그 스승님의 모습을 10주기 공연을 통해 세상에 보이고 싶다. 세월이 더 흘러 10년 뒤에도 그리고 그 이후에도 스승님에 대한 그리움은 내 안에서 영원할 것이다.

"사랑하는 사람은 머무르지 못하고 저절로 피어난 들꽃처럼 혼자서 그렇게 피고 지려나." 내가 쓴 시의 한 구절이다. 내가 사랑하는 스승님은 세상에 오래 머물지 못하고 들꽃처럼 피었다 졌다고 생각했다. 그러나 그 들꽃의 향기가 진하고 그 꽃이 아름답기에 이리도 많은 이가 스승님을 그리워한다. 스승님은 우리에게 그리운 사랑으로 머물러 있다.

벽사(碧史)는 스승님이 이어왔던 호(號)다. 그 뜻은 '푸르른 역사'라는 말이니 청사에 길이 빛날 벽사춤은 스승님의 뜻을 이어 계속될 것이다.

나는 지금도 춤을 출 때면 스승님이 내 옆에 계시는 것 같다. 나는 스승님의 숨결을 느끼면서 스승님께 내 춤을 보여드리는 마음으로 춤을 춘다. 그렇게 춤을 추다 보면 스승님의 목소리가 들려온다.

"춤은 그날그날 다를 수밖에 없어. 비가 오는 날에는 빗소리에 젖어 들고, 바람 부는 날에는 장삼의 나부끼는 소리를 들을 수 있지. 오늘은 볕이 참 좋으니 햇살을 춤에 담아봐. 한결 멋진 춤사위가 만들어질 거야."

이렇게 아름다운 춤을 세상에 남기고 가신 스승님을 다시 볼 수 없는 것인가. 스승님은 이 세상 어느 곳에도 계시지 않는 것일까. 아니다. 스승님은 가셨어도 내 안에 춤으로 남아 계시지 않는가.

스승님은 허무하게 떠나고 나만 홀로 남았다. 스승님이 계시지 않는데 어떻게 춤출 수 있을까. 스승님은 마지막 가시는 길에도 몸소 보여주시고 알려주셨다. 나는 알았다. 내가 찾던 소는 나이며 춤이라는 것을. 스승님의 죽음으로 살아 춤추는 나를 보았다.

## 내 영혼의 슬픈 눈

그렇게 내가 찾은 나의 소, 나의 깨달음을 이끌어 준 나의 춤 아버지 정재만 스승님이 세상을 떠났다. 하늘이 무너지는 슬픔과 아픔 속에서 나는 말할 수 없는 고통을 느끼며 긴 슬픔의 늪에서 벗어나지 못했다. 생로병사의 흐름 속에서 누구나 태어나 늙고 병들어 죽는 것은 자연의 이치다. 그러나 갑자기 스승님을 보낸 것은 참으로 큰 아픔이었다.

그러다가 이형기 시인의 「낙화」를 다시 읽는다.

가야 할 때가 언제인가를
분명히 알고 가는 이의
뒷모습은 얼마나 아름다운가

봄 한철
격정을 인내한
나의 사랑은 지고 있다.

분분한 낙화……
결별이 이룩하는 축복에 싸여
지금은 가야 할 때

무성한 녹음과 그리고
머지않아 열매 맺는
가을을 향하여
나의 청춘은 꽃답게 죽는다.

헤어지자
섬세한 손길을 흔들며
하롱하롱 꽃잎이 지는 어느 날

나의 사랑, 나의 결별
샘터에 물 고이듯 성숙하는
내 영혼의 슬픈 눈●

  이 시는 이별과 죽음을 대하는 시인의 아름다운 통찰을 보여준다. 아름다운 꽃송이는 '무성한 녹음'과 '열매'를 위하여 섬세한 손길을 흔들며 하롱하롱 떨어진다. 이 시는 시종일관 차분한 어조를 유지하며, 삶의 보편적 가치와 깨달음과 이별을 대하는 자세를 보여준다.
  이 시의 첫 연은 낙화의 아름다움을 보여준다. "가야 할 때가 언제인가"를 알고 가는 이의 아름다운 뒷모습을 통해 아름다운 이별

---

● 이재훈 엮음, 『현대시 기획선 1』(한국문연, 2018), p. 59.

을 압축적으로 보여준다. 시인은 분분히 떨어지는 꽃잎을 통해 꽃이 피고 떨어짐을 사랑과 이별로 환치했다. 사랑과 이별이 젊은이들만의 영역이 아니기에 인간사 전반으로 확대된다. 꽃잎이 떨어지면 느끼게 되는 것이 통상 '슬픔'이나 '안타까움'이다. 그런데 시인은 낙화를 '아름다움'이라 말한다. 꽃이 떨어지고 누군가가 떠나는 것이 모두 자연의 섭리라고 본 것이다. 낙화에서 '아름다움'을 찾아낸 것은 낙화에 새로운 축복이 담겨있기 때문이다. 낙화는 단순히 소멸하는 것이 아니라 열매를 위한 필연이라고 보았다. 우리가 사는 세상에서 일어날 수 있는 이별도 성숙과 결실로 가는 과정이라 본 것이다.

사랑하면서도 떠나야 할 때 떠나는 연인, 부와 명예와 권력이 보장된 자리를 버리고 떠나가는 사람도 아름답다. 그러나 스승님과의 처절하고도 가슴 아픈 이별은 아름답지 않았다. 스승님의 타계는 자연의 순리를 따른 낙화도 아니고, 가야 할 때가 되어 떨어진 꽃잎도 아니었다.

중요무형문화재 제27호 승무 예능 보유자 정재만 스승님은 향년 66세를 일기로 어느 날 홀연히 교통사고로 세상을 떠났다. 전북 익산에서 제자 강습을 마치고 이동 중에 변을 당했다. 평생을 춤의 발전과 제자 양성을 위해 온 힘을 다해 왔던 스승님은 가는 길마저 제자 강습의 길에 떠난 것이다. '벽사' 한성준의 계보를 이은 '벽사' 한영숙은 유일하게 남자 제자를 받았고, 그에게 '벽사'라는 호를 물려주었다. 그 벽사가 이렇게 떠난 것이다.

그렇게 그토록 아버지처럼 의지하고 배우고 따랐던 정재만 스승님의 타계는 준비되지 않은 자가 겪는 이별의 고통이 얼마나 큰지를 깨닫게 해주었다. 내가 깨달은 나의 소, 나의 '참나'인 춤의 근원이 바로 나의 스승님이었다. 스승님이 없는 세상은 나에게 아무런 의미가 없었다. 나를 세상에 태어나게 한 분은 나의 부모님이지만 나를 세상에 서게 한 분은 스승님이었다.

세상 어느 것도 고통 없이 만들어지지 않는다. 한 생명이 탄생하기 위해서는 분만의 고통을 겪어야 한다. 무성한 녹음과 열매도 낙화하는 이별의 고통을 겪어야 한다. 그리고 그 고통을 극복해야만 "샘터에 물 고이듯 성숙하는" '참나'의 진실한 "내 영혼"이 있다. 결별이 이룩하는 축복에 싸인 '슬픈 내 영혼의 눈'이 있다.

이형기 시인은 "고독과 고통은 시인의 양식"이라고 말했다. 춤꾼인 내게도 고독과 고통은 양식이 되어 나를 성숙의 슬픈 정상으로 인도했다. 이 시인은 "슬퍼할 일이 세상에 많다. 그러나 슬퍼해 봐도 아무 소용이 없다. 그렇다고 해도 슬퍼한다는 사실을 기억해야 한다. 슬픔, 그 자체가 목적일 수도 있다"라는 말도 남겼다. 스승님의 타계는 슬픈 일이나 슬퍼해 봐야 소용이 없다. 그러나 이 슬픔을 잊지 않는다. 슬픔은 세상에서 가장 순수하고 값진 것이다. 슬픔은 영혼을 성숙하게 하기 때문이다.

소는 잊고 나만 남은 망우존인(忘牛存人)의 경지와 관련하여 조중빈의 『자명대학』에서 말한 정심(正心)과 성의(誠意)를 다시 생각한다.

欲修其身者 先正其心 欲正其心者 先誠其意.●

나다운 '나'를 지키고 싶은 사람은 먼저 내 몸[의 느낌=신의 섭리]을 떠난 내 마음[放心]의 생각을 바로잡는다[正其心=정신 똑바로 차려라]. 내 몸을 떠난 내 마음의 생각을 바로잡고 싶은 사람은 먼저 나답게[행복하게] 살고 싶은 마음[其意(欲)]을 다한다.●●

조중빈은 『자명대학』에서 천하를 기분 좋게 하려는 사람은 나라를 다스리고, 나를 다스리고 싶은 사람은 먼저 내 가정을 편안하게 하고, 내 가정을 편안하게 하고 싶은 사람은 먼저 나다운 나를 지킨다고 하였다.●●● 나다운 나를 지키는 것이 바로 정심(正心)이니 정심은 마음을 평정의 상태로 바로잡는 것이다. 사람에게는 희로애락(喜怒哀樂) 등의 정서(情緖)가 있다. 그렇기에 때로는 정심(正心)이 흔들리는 때가 있기에 정서의 본체인 마음을 늘 바른 위치에 두어 흔들리지 않게 힘써야 한다. 이것이 정심이다. 그렇기에 조중빈은 '나다운 '나'를 지키고 싶은 사람은 먼저 내 몸을 떠난 내 마음[放心]의 생각을 바로잡아야 한다고 했다.

성의(誠意)에서 의(意)는 생각, 욕망(慾望), 사려(思慮), 정서(情

---

● 『大學』, 經.
●● 조중빈 역·설, 『자명대학』(부크크, 2023), p. 122.
●●● 조중빈 역·설, 위의 책, p. 122.

緒)를 말하고, 성(誠)은 참된 것을 뜻한다. 그러므로 성의(誠意)는 자기의 생각을 성실(誠實)하고 참되며 정성스럽게 하여 속이지 않는 것이다. 조중빈은 "내 몸을 떠난 내 마음의 생각을 바로잡고 싶은 사람은 먼저 나답게 살고 싶은 그 마음을 다하는 것"이며 "있는 것을 가지고 최선을 다하는 것"이라 했다.

나의 춤도 그렇다. 내 춤이 원래 내 안에 있었던 것은 틀림없는 사실이나 내가 춤을 찾아 나서고, 춤을 보고, 춤을 얻고, 춤을 길들여, 춤을 타고 나의 본향으로 돌아오지 않았다면, 나와 춤이 하나가 될 수가 없었다. 내가 춤을 얻기 위해 수많은 시간을 땀 흘리고 연습했던 것이 하나 됨의 원동력이다. 나다운 나를 지키기 위해 신의 섭리인 내 몸을 떠난 내 마음의 생각을 바로잡아야[正心] 한다. 나답게 살고 싶기에 생각을 바로잡고 마음을 다해야[誠意] 한다. 내가 찾은 춤, 내가 인식한 '참나', 나의 깨달음은 모두 내 안에 함께 존재했으나 스승을 잃은 슬픔과 아픔으로 허둥대고 방심하면 마음이 제자리를 잃을 수 있기에 늘 정심(正心)과 성의(誠意)를 마음에 담는다.

망우존인(忘牛存人). 내가 찾은 나의 소, 내가 찾은 '참나', 내가 얻은 깨달음을 이끌어준 나의 아버지, 나의 스승은 영원한 그리움을 남기며 무성한 녹음과 열매를 기약하고는 낙화로 졌다. 그가 떠난 자리에서 내 영혼의 슬픈 눈은 나를 바라보며 성숙한다.

# 인우구망(人牛俱忘),
## 소도 사람도
## 잊다

### 낯선 나, 낯익은 나

인우구망(人牛俱忘), 사람도 소도 모두 잊었다. 잊었다는 것은 무(無)로 돌아갔다는 것이다. 모두 무(無)가 되어 무(無) 속으로 사라진 것이다. 무(無)는 아무것도 없는 것이 아니라 한계가 없다는 말이다. 모든 분별과 편견과 삿됨과 벽이 사라진 것이다. 넓고 큰 하늘에는 어떤 의미도 담길 수 없다. 의심도 차별도 분별도 없다. 소도 소를 찾는 이도 없다.

세상에 존재한 모두가 둘이 아님을 확인했으나 그마저도 망상이다. 불이(不二)마저 버리고 무(無)로 돌아간다. 내가 깨달음이라고 잡았던 것, 내가 견성이라 생각하고 쥐었던 것, 내가 '참나'라고 기뻐했던 그마저도 모두 놓는다.

　넓고 큰 바다에 수많은 파도가 일어난다. 그 파도는 형태와 시기가 다르지만 모두 둘이 아닌 하나의 파도였다. 그러나 그 많은 파도를 일어나게 한 바람이 있다. 그러니 파도나 그 파도가 하나라고 생각한 그 마음마저 잊어야 한다.

　이제 진정한 하나로 돌아간다. 모두가 사라져 아무것도 없는 일원상(一圓相)이다. 병도 잊고 약도 잊는다. 세상의 정(情)도 잊고 세상의 물(物)도 버린다. 스승도 잊고 춤도 잊고 나도 잊는다. 그래야 무(無)로 돌아가 공(空)에 이른다. 나는 무엇을 찾아서 세상을 정처 없이 떠돌았나. 내가 찾아야 할 것이 있었던 것이 아니라 내가 바로 내가 찾아야 할 것이었다. 찾는 자가 바로 찾는 것이다.

　이제 스승도 버리고 춤도 버리고 다 잊고 오직 일심으로 돌아가야 한다. 더는 깨달음을 찾지 않는다. 깨닫지 못한 어느 것도 나에게 남아있지 않다. 모두 빈 그곳에 오직 푸른 하늘만 아득히 펼쳐져 있다. 본심의 바다에 한 점 아쉬움도 티끌도 욕망도 헛됨도 파도도 없다. 일원성(一圓性)이 나의 본성이다. 모두가 서로 이어진 하나였다. 이것을 이르러 공(空)이라 하며, 이는 한계도 끝도 없는 근원이자 근본이다.

　십우도(十牛圖)의 제8도 인우구망(人牛俱忘)은 사람도 소도 모두 잊는 경지다. 『십우도송(十牛圖頌)』 인우구망의 서(序)는 다음과 같다.

凡情脫落, 聖意皆空.

有佛處不用遨遊, 無佛處急須走過.

兩頭不著, 千眼難窺,

百鳥銜華, 一場懡㦬.

　범속한 생각도 떨어져 나가고, 거룩한 뜻도 모두 텅 비었다.
　부처 있는 곳엔 노닐 필요 없고, 부처 없는 곳은 급히 지나가야 한다.
　범속함과 거룩함 둘 다에 집착하지 않으니, 천 개의 눈으로도 엿보기 어렵다.
　온갖 새들이 꽃을 물고 와 공양하는 것도, 한바탕 웃음거리 일 뿐이다.


　인우구망(人牛俱忘)의 경지에서는 방편이었던 소도 버리고 절대적인 주체성의 사람만 남았다. 범속한 생각이 사라지고 거룩함도 모두 빈 상태다. 오직 한 줄기 깨달음이 남았다. 이것이 진정한 깨달음이다. 나의 춤도 이 경지에서는 스승도 잊고 춤도 잊는다.

　곽암 선사는 『십우도송(十牛圖頌)』에서 인우구망(人牛俱忘)의 이러한 경지를 다음과 같이 적고 있다.

　　鞭索人牛盡屬空

碧天遼闊信難通.

紅爐焰上爭容雪.

到此方能合祖宗.


채찍과 고삐, 사람과 소 모두 텅 비었으니
푸른 하늘만 아득하여 소식 전하기 어렵네.
붉은 화로의 불꽃이 어찌 눈송이를 용납할까.
여기에 이르러야 바야흐로 조사의 뜻과 합쳐지리라.


소, 사람, 채찍, 고삐도 모두 사라지고 그저 텅 빈 무(無)다. 그리고 세상에는 푸른 하늘만 있으나 그곳이 아득하다. 그러니 그 아득한 곳에 무슨 소식을 전할 수 있으랴. 붉게 타는 화로의 불이 나풀거리는 눈송이를 허용할 리 없다. 이 경지에 도달하여야 비로소 스승의 뜻을 알 수 있다.

인우구망(人牛俱忘)은 집착이 사라진 완전한 공(空)이고 해방이다. 동자는 이 경지에서 무아(無我)에 이른다. 나마저도 없는 단계다. 이 경지는 정신 치료 측면에서 심리적 문제가 모두 사라진 단계다.

이제 무심(無心)과 무집(無執)이다. 상대적인 안목으로 대상을 바라보지 않는 무심의 경지, 어떠한 대상에 집착하지 않는 무집의 경지에 도달하는 것이다.

인우구망의 가르침은 자아마저 초월해야 함을 말하고 있다.

정서흘, 〈십우도(十牛圖) 중 인우구망(人牛俱忘)〉, 2024.

소위 소도 사람도 모두 없고, 깨달음도 깨달았다는 의식도 없어진다. 모든 것이 하나의 원이 되는 일원상의 경지다.

이 경지는 오직 하나의 원으로 표현되는 일원상(一圓相)이다. 고행(苦行)도 선정(禪定)도 아니다. 만법귀일 일귀하처(萬法歸一 一歸何處), 만법이 하나로 돌아가는데 그 하나는 어디로 돌아가는가. 빈 마음에 티끌이 없고 걸림도 없는 경지의 이름이 인우구망(人牛俱忘)이다.

다음 그림은 필자의 심화도(尋花圖) 중 제8도 인화구망(人花俱忘)이다.

이유나, 〈심화도(尋花圖) 중 인화구망(人花俱忘)―꽃 깨달음〉, 2024.

꽃은 살아있지만 죽었고, 죽었지만 살아있다. 살아있는 것이 존재하는 것이고, 죽었다고 없어지는 것이 아니라는 것을 깨달았다. 살아있기에 잊고 죽음을 기억한다. 그렇게 꽃도 사람도 모두 잊었다.

노자의 『도덕경』 제40장은 도의 움직임과 기능에 관하여 말한다.

> 反者道之動
> 弱者道之用
> 天下萬物生於有
> 有生於無
>
> 되돌아감이 도(道)의 움직임이고
> 약한 것이 도(道)의 기능이다
> 세상의 모든 것은 유(有)에서 생겨나고
> 그 유(有)는 무(無)에서 생겨난다.●

하늘과 땅, 음과 양, 유와 무, 길고 짧음, 어려움과 쉬움 등이 모두 서로 대립하고 있다. 그리고 이들은 서로에게 의존하여 존재한다. 인우구망(人牛俱忘)은 공이고, 무다. 그런데 『도덕경』은 이 무에서 유가 생겨났다고 한다. 세상의 만물을 낳은 것은 아무것도 없는 공(空), 근원이 허공인 무(無)다. 무의 세계는 유교의 '무극(無極)'이요, 기독교의 '태초의 말씀'이며, 현대 물리학의 '초기 우주의 공간'이다.

---

● 편상범, 『나를 찾는 도덕경』(황금비, 2022), p. 64.

어느 날 무리해서 공연을 마치고 돌아와 피곤한 몸으로 잠이 들었다. 자는 내내 몸이 무겁게 느껴졌다. 피곤한 탓이겠지 하고 잠 속으로 빠져들었다. 늦은 아침에 무거운 몸을 겨우 일으켰다. 그런데 몸이 지나치게 무겁다. 무슨 일일까 하는 걱정으로 욕실에 들어가서 거울 속의 나를 보았다. 거울 속에 비친 나를 보고 너무도 놀랐다. 거울에는 내가 모르는 다른 사람이 있었다. 얼굴이 퉁퉁 부어있어 내가 나를 몰라볼 정도였다. 놀라서 여기저기를 살펴보니 얼굴뿐만 아니라 온몸이 부어있었다. 어릴 때부터 춤을 공부하고 가르치는 일을 수십 년간 해왔는데 최근에 무리한 모양이다. 병원에 입원하여 진단받은 급성 신장병은 일순간에 모든 것을 무너뜨렸다. 단순히 부어오른 몸만이 문제가 아니었다. 코끼리처럼 부은 다리는 무릎을 굽힐 수도 없을 정도였다. 1분 이상 서 있을 수도 없고, 앉아서 다리를 내려놓으면 더 부어올라 통증이 심해졌다. 일어나 걸을 때는 벽에 기대거나 무언가에 의지해야 했다. 식사할 때는 밥 한 톨을 삼키지 못할 정도로 내장 기관까지 망가진 상태였다.

망가진 내장 기관으로 인해 여러 문제가 한꺼번에 몰려왔다. 음식을 섭취하기도 어려웠으나 소화하는 일은 더 큰 문제였다. 그뿐인가? 잠자리에 들 때는 옆으로 눕지도 못하고, 추워도 이불을 끌어올 수조차 없었다. 밥을 먹기 위해 숟가락을 들면 그대로 숟가락이 식탁 밑으로 떨어졌다. 손을 뻗어 장삼 자락을 하늘로 날리던 관절은 뻣뻣하게 굳어 움직일 수 없었고, 살갗은 스치기만 해도 견딜 수 없이 아팠다. 그것은 죽음보다 더 심한 고통이었다. 나는 차라리 죽음을 택하고 싶었다. '내가 다시 옛날처럼 춤을 출 수 없다면, 그래서 이 모습으로 살아가야 한다면' 나는 더는 살고 싶지 않았다. 망가진 것은 몸뿐만이 아니었다. 몸이 무너지자 마음도 무너졌다. 나락의 깊은 수렁에 빠져 허덕이며 우울증을 심하게 앓았다.

그렇게 심한 질병의 고통 속에서 나를 바라본다. 낯선 내가 낯익은 나를 본다. 낯선 내가 나일까. 낯익은 내가 나일까. 나는 원래 나였고 그 내가 낯이 익었으나, 낯이 익은 나마저 잊고 낯선 나를 만나니 그 나가 원래 나였다.

## 모두가 꿈이다

인우구망(人牛俱忘), 소도 사람도 모두 잊었다. 그리고 어느 순간 나는 나비가 되었다. 다음은 『장자(莊子)』에 나오는 이야기다.

> 장주(莊周, 장자)는 꿈에 나비가 되었다. 나비가 된 장주는 자기가 장주인 것을 잊었다. 훨훨 날고 있는 자신을 보니 자신은 분명 나비였다. 스스로 너무나 유쾌했다. 너무도 유쾌해서 자기가 장주인 것을 잊었다. 그러다가 문득 꿈에서 깨어났다. 그러고 보니 자기는 분명 장주였다. 장주는 자기가 나비로 변한 꿈을 꾼 것인지, 아니면 나비가 장주가 된 꿈을 꾼 것인지 구별할 수 없었다.

『장자』에 나오는 장주와 나비는 분명 별개의 존재이다. 그러나 물아(物我)의 구분 없는 물아일체(物我一體)의 경지에서 보면 장주가 나비요 나비가 장주이다. 둘의 구분이 없어진다. 나는 본래의 나와 거울 속에 비친 허상의 내가 하나가 되었다. 물아일체의 경지는 아닐지라도 보이는 나와 본체의 내가 둘이 아닌 하나의 경지가 됨을 알게 되었다.

소, 스승, 채찍, 고삐, 춤, 깨달음, 참나를 모두 잊었다. 그리고 세상의 모든 존재가 무(無)와 허(虛)에서 나왔음을 알았다. 모두가 꿈이었다. 깨고 나니 모두 꿈이다. 꿈속에서 꿈을 꾸었고 그 꿈을 깨니 그마저도 꿈이다. 나는 알았다. 모두가 '비움'에서 나온다. 모든 즐거움 또한 허(虛)에서 나온다. 번민은 경쟁과 비교에서 나온다. 비우면 시기와 경쟁과 비교가 없다 한다.

모두가 꿈이다. 일장춘몽(一場春夢)이다. 소동파는 중국 송나라 최고의 문장가다. 소동파가 해남(海南) 창화(昌化)에서 유배 생활을 하던 어느 날 산책을 하다가 한 노파를 만났다. 그런데 그 노파는 소동파의 모습을 보고 안타까워하며 "지난날의 부귀영화는 그저 한바탕의 꿈에 지나지 않는구나"라고 말한다. 당대 최고의 문장가가 초라한 모습으로 걷는 모습에서 노파는 인생의 참모습을 발견한 것이다.

---

● 昔者莊周爲胡蝶 栩栩然胡蝶也 自喩適志與 不知周也. 俄然覺 則蘧蘧然周也. 不知周之夢爲胡蝶與.

어쩌면 노파의 말대로 모두가 한바탕 '봄꿈'인지도 모른다. 그러나 그 꿈을 통해 나는 나의 소인 춤도 스승도 깨달음도 '참나'도 얻어 나의 본향(本鄕)에 돌아왔다. 그리고 나는 나의 소인 춤도 스승도 깨달음도 '참나'도 다 잊었다.

『장자』에는 다음과 같은 이야기도 나온다.

북녘 바다에 물고기가 있으니 그 이름을 곤(鯤)이라고 한다. 곤의 크기는 몇천 리나 되는지 알 수가 없다. 이 물고기가 변해서 새가 되면 그 이름을 붕(鵬)이라 한다. 붕의 등 넓이는 이 또한 몇천 리나 되는지를 알 수가 없다. 이 새가 한번 기운을 내어 날면 그 활짝 편 날개는 하늘 가득히 드리운 구름과 같다. 이 새는 바다 기운이 움직이면 남쪽 끝의 검푸른 바다로 날아가려고 한다. 남쪽 바다란 곧 천지(天池)를 말한다. 붕이 남쪽 바다로 날아 옮겨갈 때는 그 큰 날개로 바다의 수면을 삼천 리나 치고서 회오리바람을 타고서 9만 리 꼭대기까지 올라간다. 그리하여 여기 북쪽 바다 상공을 떠나서 6개월을 계속 난 뒤에 비로소 한 번 크게 숨을 내쉰다…….

매미와 비둘기가 이것을 비웃으며 이렇게 말한다. "우리는 후다닥 날아올라야 느릅나무나 다목 나뭇가지에 머무르지만 때로는 거기에도 이르지 못해서 땅바닥에 내동댕이쳐지는 경우도 있다. 그러니 무엇 때문에 붕새는 9만 리나 올라가 남쪽

으로 갈 필요가 있겠는가?"●

　어두운 북쪽 바다에 살던 물고기가 새로 변하여 밝은 남쪽으로 날아갔다. 물고기 곤(鯤)이 붕(鵬)이 된 것이다. 이는 새로운 전환을 말한다. 여러 제약에 묶여있는 현실 세계를 초월하여 새로운 절대 자유의 세계로의 진입을 의미한다. 대붕(大鵬)의 날아감을 이해하지 못하는 매미나 비둘기의 경지에서 새로운 경지로 나아가는 것이다.

　다 꿈이라 해도 그 꿈을 꾸기 전과 꾼 이후의 경지는 다르다. 물고기가 붕(鵬)이 되어 남쪽 바다 끝으로 날아갔듯 꿈을 통해 새로운 경지에 도달하여 진정한 자유를 누리게 될 것이다.

　이 자리에 다시 돌아오기 위해 먼 길을 걸었고, 그 먼 길에서 수없는 고난과 고통의 시간을 보냈다. 수없이 많은 땀을 흘리고 좌절하고 다시 일어났다. 아버지와 같은 스승의 타계를 지켜보는 고통을 겪었고, 날개를 잃고 추락하는 나를 보았다. 그리고 드디어 낯선 나와 낯익은 나를 구분하지 않고 모두를 끌어안으려는 '참된 나'를 알아차리게 되었다. 하늘 같은 소중한 나를 찾은 것이다.

---

● 장자 저, 김창환 역, 『장자』(을유문화사, 2010), pp. 15~16.

제4장

## 지금
## 여기 머물기

# 반본환원(返本還源), 근원으로 돌아가다

## 이 세상을 그대로

반본환원(返本還源), 근원으로 돌아간다는 의미다. 그런데 그 근원이 어디에 따로 있는 것은 아니다. 본래부터 떠난 적도 없고 잃어본 적도 없는 자리가 근원이다. 다만 근원을 바라보는 자의 인식이 먼 곳을 돌고 돌아 결국은 제자리로 돌아오는 것을 의미한다. 반본환원으로 원래의 그 자리로 다시 돌아오면 마음의 모든 분별과 차별과 인식이 사라지고 진리는 물처럼 맑다. 고요한 마음은 어떠한 바람에도 흔들리지 않고 파도를 만들지 않는다. 어떠한 모양에 집착하지 않으니 꾸밈도 성형(成形)도 필요하지 않다.

석존은 태어난 사람은 누구나 생로병사(生老病死)의 사고(四

苦)에서 벗어날 수 없음을 알았다. 석존은 물론 모든 생명체가 다 그러한 속절 없는 삶을 살아야 했다. 그는 죽음으로 끝날 수밖에 없는 삶은 참된 삶이 아님을 깨닫고 자신의 소를 찾아 나섰다. 소를 찾는 것은 죽음의 공포가 사라진 참된 나의 삶을 찾는 것이다. 삶이 영원히 이어지는 것을 깨달을 때 삶이 참됨을 알게 된다.

십우도(十牛圖)의 제9도 반본환원(返本還源)은 본래의 모습으로 돌아가는 경지다.『십우도송(十牛圖頌)』반본환원의 서(序)는 다음과 같다.

本來淸淨, 不受一塵.
觀有相之榮枯, 處無爲之凝寂.
不同幻化, 豈假修治.
水綠山靑, 坐觀成敗.

본래 청정하여, 한 티끌에도 물들지 않는다.
모습 있는 것의 영고성쇠를 보고, 무위에 들어 고요함에 머문다.
헛된 환상에 흔들리지 않으니, 어찌 헛된 수행이겠는가.
물은 맑고 산은 푸른데, 앉아서 만물의 변화를 바라보노라.

반본환원(返本還源)은 세상으로 돌아가 중생을 교화시키기 위한 준비 단계다. 이제 나의 본성은 청정하여 어떠한 티끌도 허용하지 않는 단계다. 주체성이 성립되어 일상생활에서 언제나 능동성이 발휘된다. 이 주체성은 항상 내 안에서 자리를 지킨다. 본래의 자리로 돌아온 것이다. 나의 춤도 본래 춤의 자리로 돌아와 세상에 나가 이를 전하기 위한 준비를 한다.

곽암 선사는 『십우도송(十牛圖頌)』에서 반본환원(返本還源)의 이러한 경지를 다음과 같이 적고 있다.

> 返本還源已費功.
> 爭如直下若盲聾.
> 庵中不見庵前物
> 水自茫茫花自紅.

> 근원으로 돌아와 돌이켜보니 공연히 애썼구나.
> 차라리 당장 귀머거리나 장님처럼 되려고 할 것을.
> 암자에 있으면서 암자 앞을 보지 안 나니
> 물은 절로 망망하고 꽃은 절로 붉구나.

반본환원(返本還源)은 있는 대로의 모습을 보인다. 본성은 원래 맑고 깨끗하여 번뇌가 없다. 산은 그대로 산이요 물은 그대로 물이다. 산은 물을 흉내 내려 하지 않는다. 물은 산을 흉내 내려 하지 않는다. 산을 산으로 보고 물을 물로 보는 참된 지혜를 얻은 것이다. 순수한 마음으로 진정한 공(空)의 경지에서는 무엇이나 다 진실이 된다는 것을 가르치고 있다. 물은 저절로 흐르면서 넓고 넓어 아득하고 꽃의 붉음을 질투하지 않는다. 그 무엇이 되고자 질투하고 시기하고 부러워하는 것이 아니라 나는 나로서 존재하는 것이다. 다른 무엇이 되고 싶었던 것이 내 마음의 깊은 욕망이었다. 우리는 다른 그 무엇이 될 필요가 없다. 더는 다른 욕망을 꿈꾸지 않는다. 나는 나로서 존재하기 때문이다.

주체성은 본래 청정(淸淨)하여 어떤 티끌도 받아들이지 않는다. 아무리 속세에 묻혀 생활하여도 속세의 때가 묻지 않는다. 그것은 마치 '진흙 속의 연꽃'과도 같다. 진흙 속에 발을 담그고 있어도 연꽃은 그 청정을 유지한다. 주돈이(周敦頤)는 「애련설(愛蓮說)」*에서 "연꽃은 진흙에서 나왔으나 물들지 않고, 맑은 물에 씻겼으나 요염하지 않고, 속은 비었고 밖은 곧고, 덩굴은 뻗지 않으며 가지를 치지 않는다"**라며 연꽃을 칭송한 바 있다. 반본환원(返本還源)은 바로 '참나'로 돌아와 본성을 찾아 어떠한 상황에서도 물들지 않는 연꽃 같은 경지다.

---

● 연(蓮)을 좋아하는 작가의 인품이 드러난 글로 연꽃은 군자로 상징한다.
●● 予獨愛蓮之出淤泥而不染 濯淸漣而不妖 中通外直 不蔓不枝.

정서홀, 〈십우도(十牛圖) 중 반본환원(返本還源)〉, 2024.

　십우도 중 9번째 경지인 '반본환원'은 처음으로 돌아간 것이다. 참 생명의 자리를 찾아갔으나 결국 돌아온 곳은 처음의 그 자리다. 그러니 소[牛]를 찾아 본향(本鄕)을 떠나서 길을 잃고 헤매다가 소를 찾아 길들이고, 그 소를 타고 집에 돌아와 소도 사람도 다 잊고 나서 보니 결국 소는 그 자리에 있었다. 원래 잃어버리지 않은 것을 애써 찾고 있었다. 애초에 잃어버린 소가 없었는데 무엇을 찾을까.

　이와 같은 경지를 『반야심경(般若心經)』에서는 "불생불멸(不生不滅) 불구부정(不垢不淨) 부증불감(不增不減)"이라 한다. 본래 '참나'는 "나지도 않고 없어지지도 않으며 더러울 것도 깨끗해질 것도 없다"라는 말이다. 바로 그 자체가 공(空)이다.

나의 소, 나의 본성(本性)인 춤도 반본환원(返本還源)에 이르러 무엇을 하고자 하지 않아도 하여지는 경지에 이른다. 내가 어떤 손짓과 발짓을 해도 나의 그것이 법도에 어긋나지 않고 도리를 벗어나지 않는다. 이미 나는 춤도 나도 다 잊었기에 수행과 깨달음에서 자유로운 상태가 된다.

다음 그림은 필자의 심화도(尋花圖) 중 제9도 반본환원(返本還源)이다.

이유나, 〈심화도(尋花圖) 중 반본환원(返本還源) — 그림자도 보라색이다〉, 2024.

그토록 그리워하던 세상에 돌아와 꽃도 나도 다 잊었다. 눈을 들어 세상을 보니 이것이 진정 나만의 시공이다. 이 세상은 그림자도 보라색이다. 모든 것이 원래의 모습을 찾으니 꽃 안에 다시 꽃이 핀다.

반본환원(返本還源)의 경지에서는 더는 수행이 필요하지 않다. 수행은 나를 없애 공(空)의 경지에 도달하고자 하는 과정이기에 수행하는 '나'가 남는다. 그러니 이미 '나'가 없어진 경지에서 수행하는 '나'가 남아있을 필요가 없다. 수행의 목적은 나를 특별한 존재로 만들기 위함이 아니라 더는 특별한 것을 찾을 필요가 없음을 아는 것이다.

나의 소를 찾고자 결심하고 소를 찾아서 돌아오니 나는 본래부터 떠난 적이 없고 잃어본 적도 없다. 본래 깨달은 자였으나 자신이 깨달은 자라는 것을 알지 못하고, 먼 길을 돌아와 결국 자신이 원래 깨달은 자임을 알게 된다.

내가 춤을 추는 손짓과 발짓과 고갯짓은 본래 어디서 온 것인가. 수없이 많은 땀과 노력과 수행을 거치고 반본환원(返本還源)의 경지로 돌아와 보니 그 모두가 본래의 내 손이고 발이고 고개임을 알게 되었다.

## 다시 살다

꿈인지 생시인지 알 수 없었다. 눈앞에 긴 강이 느리게 흐르고 있었고, 안개 속에서 강물이 출렁대고 있었다. 강물 위에 나무로 만든 다리가 위태롭게 흔들리고, 나는 그 다리에 서 있었다. 삶과 죽음의 길이 안개 속에서 다리처럼 흔들리고 있었다. 나는 혼자서 다리를 건너려다가 뒤를 돌아보았다. 거기에는 한 그루 나무가 서 있었고, 나뭇가지에 걸린 흰 천 자락이 나부꼈다. 나는 그 천 자락이 보자기임을 알았다. 그것은 내가 어릴 적부터 가지고 놀던 바로 그 보자기였다. 그 보자기를 보자 춤추고 싶었다. 가던 걸음을 멈추고는 다리를 뒤돌아왔다. 나무 앞에 서서 손을 뻗었다. 나뭇가지에서 나풀거리던 보자기가 내 손에 들어온다. 나는 다섯 살 아이가 되어 보자기를 하늘로 던진다. 보자기는 하늘을 향해 힘껏 날아오르고, 나도 함께 하늘로 날아오른다. 그리고 나는 긴 잠에서 깨어났다. 모두 긴 꿈이었다.

 기나긴 고통의 시간에서 치료하는 와중에도 공연 의뢰가 들어왔다. 이런 모습으로 어떻게 공연을 할 수 있겠는가. 나는 이런 상황이나 모습을 세상에 보이고 싶지 않았다. 그러면서도 마음을 다잡는다. 내가 다시 춤을 출 수만 있다면 나는 무엇이라도 할 수 있다. 나는 그때부터 몸의 치료와 함께 명상을 시작했다. 나는 이 명상을 '내 몸 들여다보기'라 한다. 내 몸을 들여다보는데 눈물이 주르륵 흘렀다. 그리고 이내 폭풍처럼 찾아오던 슬픔이 소멸하고, 내 몸의 자연스러운 움직임에 의식을 두게 되었다.

 천천히 팔부터 하늘을 향해 든다. 그토록 쉽게 들었던 팔이 잘 올라가지 않는다. 무한반복 끝에 천천히 조심스럽게 올라가는 팔을 바라본다. 그러자 갑자기 내 안에 쌓였던 감정의 둑이 무너지며 희로애락애오욕(喜怒哀樂愛惡慾)의 모든 감정이 쏟아진다. 나는 온몸으로 통곡하기 시작했다. 몸은 저절로 일어나 소리쳤다. 아니

그것은 필사의 몸부림이었다. 지팡이 없이는 서 있지도 걷지도 못하던 나는 그냥 무작정 걸었다. 발뒤꿈치부터 한 발 한 발 내디디며, 찰흙 바닥에 발자국을 새기듯 꾹꾹 눌러가며 '발디딤새'를 하였다.

내 몸에서 반응하는 흥취를 느꼈다. 두 팔을 벌려 물속에서 내 몸의 저항을 느끼듯 이리 흔들면 저리로 가고 저리 흔들면 이리로 움직였다. 그 모습은 마치 파도의 움직임을 연상케 한다. 나는 이 동작을 '너울 사위'라고 부른다. 양팔이 위에서 아래로 내려올 때는 손바닥과 손등이 교차하는데 버드나무 가지가 바람에 날리는 듯하다고 '버들 사위'라고 하였다.

이렇게 '너울 사위'와 '버들 사위'를 반복하면 바람에 날리는 나뭇잎처럼 온 관절이 부드럽게 움직인다. 그리고 제자리에서 무릎을 펴고 접으며[屈伸] 호흡을 들이마시고 내쉰다. 이렇듯 한국무용의 여러 동작을 몸 다스림 하듯 반복하였다. 하루가 흐르고 몇 달이 또 흘렀다. 1분도 서 있을 수 없던 몸은 5분, 10분 이상을 버틸 수 있게 되었고, 지팡이를 짚지 않아도 균형을 잡을 수 있을 만큼 점차 변화되었다.

나는 그렇게 긴 꿈에서 깨어나 다시 현실로 돌아왔다. 긴 죽음의 터널을 이겨내고 나는 드디어 '살풀이춤'으로 무대에 올랐다. 물론 완전히 회복된 몸은 아니었다. 얼굴을 비롯하여 온몸의 부기는 여전하였다. 그러나 내가 다시 춤출 수 있음에 너무 감사했다. 그리고 내 안의 울림이 누군가에게 감동으로 다가감을 느꼈다. 그날 내 안의 소리가 나에게 말했다.

그대, 춤추는가

그렇다면

춤추며 올라 닿아라.

닿는 순간이 울림이다.

나는 다시 춤을 추게 되었다. 나의 소[牛], 나의 본성, '참나'인 춤을 찾았으니 이는 생명을 얻은 것이다. 다시 춤을 추게 되었으니 이제 춤추며 하늘을 향해 오르고 닿아야 한다. 닿는 순간이 울림의 순간이며 감동의 순간이며 아름다움의 순간이다. 나는 다시 춤추며 오르고 닿아 내가 꿈꾸는 경지에 미치게[及/狂] 된다.

## 아름다움과 지혜

모든 예술의 최고 목표는 아름다움을 통한 감동이다. 여기서 아름다움에 관한 논의가 필요하다. 인간은 누구나 아름다움을 추구한다. 아름다운 옷, 아름다운 집, 아름다운 차, 아름다운 외모, 아름다운 재능 등을 원한다. 남자는 아름다운 여자를 원하고, 여자는 아름다운 남자를 원한다. 그런데 이 아름다움이란 대체 무엇일까.

이에 관해 장자는 「제물론(齊物論)」에서 다음과 같이 이야기한다.

'모장'과 '여희'는 사람들이 다들 좋아하는 절세미인이다. 그런데 물고기는 그들을 보면 깊이 들어가고, 새는 그들을 보면 높이 날아가 버리고, 사슴은 뛰어 달아난다. 어느 쪽이 과연 올바른 미를 알고 있는지는 모른다.•

'모장'과 '여희'는 당대 최고의 미인으로 알려졌다. 그런데 동물들은 이 미인을 보고 모두 두려워하며 달아난다. 우리가 아름답다고 하는 것은 모두 인간의 기준이다. 인간이 동물의 눈으로 볼 수 없듯이 동물도 인간의 눈으로 볼 수 없다. 우리가 보고 있는 것은 우리의 감각기관인 눈을 통해 왜곡되어 뇌에 전달된 모습이다. 아무도 원형을 보지 못하고 있다.

우리가 이 세상에서 아름답다고 하는 것은 무엇이 있을까. 플라톤은 이 물음에 '이데아'라고 대답한다. 이데아는 모든 사물의 본질이며 원인이다. 우리의 감각기관을 통해 오는 왜곡된 현상을 뛰어넘는 세계 밖의 세계다. 왜곡된 현상이 아닌 본질이 있는 공간이 바로 이데아다.

플라톤이 말한 동굴의 예화는 바로 현상과 원형인 세상에 관하여 말한다. 평생을 동굴에 갇혀 그림자만 보고 살아온 사람들에게는 그림자가 바로 자신이다. 동굴을 벗어난 죄수가 그림자의 원형을 보고 다른 죄수에게 알려주어도 그들은 이해할 수 없다. 현상

---

● 毛嬙麗姬 人之所美也 魚見之深入 鳥見之高飛 麋鹿見之決驟.

을 넘어서는 원형의 사물이 있는 이데아의 세계에 바로 아름다움이 있다는 것이다.

　우리가 보고 느끼면서 아름답다고 느끼는 것은 어쩌면 이데아 세계에 있는 아름다운 것의 현상일 것이다. 그러면 진정한 아름다움은 무엇인가. 아름다움은 내면의 사랑이 밖으로 나온 것이지 않을까.

　장자의 관점으로 아름다움을 보면 '아름다움이 없는 건가?'라는 의문이 든다. 그런데 플라톤의 이데아 관점에서는 '아, 우리 눈에 안 보이는 상태인 이데아에 아름다움이 있겠구나'라는 생각이 든다. 그러면 장자와 플라톤의 견해가 다 이해된다.

　아름다움이 극으로 가서 절대성을 띠게 되면 신의 성질에 가까워진다. 신이 되면 절대적 아름다움이 표출된다. 그러면 신의 가장 큰 특성은 무엇일까. 그것은 바로 사랑이다. 아름다움의 내면적 표출이 바로 사랑이다.

　플라톤의 『향연』에서는 사랑을 이렇게 정의하고 있다.

　"결론을 짓자면 사랑이란 좋은 것을 자기 자신 속에 영원히 간직하려는 행위, 그 자체를 대상으로 삼는 것이랍니다."●

---

● 플라톤 저, 박희영 역, 『향연』(문학과지성사, 2021), p. 128.

사랑은 좋은 것을 영원히 자기 자신 안에 간직하려는 행위다. 나는 무엇을 내 안에 간직하려 하는 것일까. 그것은 바로 춤이다. 모든 사물의 원인이요 본질인 이데아의 관점에서 나는 춤을 사랑하고 춤을 간직하려 한다. 그래서 나는 춤을 추었고, 추고 있으며, 앞으로도 춤출 것이다.

군자는 여러 모습이 있으나 군자 개인의 사사로운 이해관계에 사로잡히거나 편견으로 무리를 만들지 않으며, 다른 이가 아름다움을 이루도록 도와주는 사람이다.

『논어(論語)』의 「안연(顔淵)」에 다음과 같은 말이 나온다.

> 군자는 다른 사람의 아름다움은 이루도록 이끌어주고 다른 사람의 악함은 이루어지지 못하도록 하나 소인은 이와 반대이다.●

공자에게 아름다움[美]이란 바로 선(善)이고 덕(德)이다. 그러므로 군자가 관심을 가져야 할 것은 바로 선과 덕을 이루는 데 있다. 그러므로 군자는 선(善)과 덕(德)을 퍼뜨리고 행할 수 있도록 도와준다. 군자는 자기를 사랑하는 것처럼 남을 아끼고 사랑하는 사람이다. 그렇게 다른 사람의 좋은 점을 드러나게 해주고 나쁜 점을

---

● 子曰 君子 成人之美不成人之惡 小人反對.

감춘다. 다른 사람이 아름다움을 이루도록 도와주는 것이다. 소인은 늘 다른 사람과 경쟁한다. 그렇기에 남의 나쁜 점을 드러내려 하고 장점을 감추려 한다. 혹여 많은 사람이 누군가를 미워해도 반드시 살펴야 하고, 많은 사람이 그를 좋아해도 반드시 살펴야 한다.

『맹자(孟子)』에 충실지위미(充實之謂美)라는 말이 있다.

> 何謂善 何謂信, 曰可欲之謂善, 有諸己之謂信, 充實之謂美, 充實而有光輝之謂大.●

> 무엇을 선(善)이라 이르며 무엇을 신(信)이라 이릅니까? 순수한 본마음이 하고자 하는 것을 선이라 하고, 선을 자기 속에 지속적으로 가지고 있는 것을 신이라 하고, 선이 몸속에 가득 차는 것을 미(美)라 하고, 가득 차서 빛을 발하는 것을 대(大)라 한다.●●

순수한 마음으로 행하는 것이 선이요, 선이 지속해서 있는 것이 신이다. 선이 몸속에 가득 차 있는 것이 아름다움이다. 그러므로 미는 선이요 신이다. 군자는 선과 신이 사람들에게 가득 차도록 도

---

● 『孟子』, 「盡心 下」.
●● 이기동, 『맹자강설』(성균관대학교출판부, 2012), p. 695.

와주는 사람이다. 다른 사람이 아름다움을 이루도록 도와주는 것이 바로 반본환원(返本還源) 이후 내 삶의 목적이 된다. 이것이 바로 나의 소이며 본향이고 본성이며 지혜자의 삶이다.

## 인간은 왜 춤을 추는가

신상미는 『인간은 왜 춤을 추는가』*에서 인간이 춤을 추는 이유를 잘 설명하고 있다.

춤은 태초부터 있었다. 인간은 시간과 장소를 가리지 않고 춤을 추었다. 긴 인류의 역사 중에 춤이 없었던 때가 없었다. 인간은 기쁠 때, 슬플 때, 괴로울 때, 즐거울 때, 힘들 때, 사랑할 때, 이별할 때, 행복할 때, 기대고 싶을 때 등 어떤 감정의 상태이건 춤을 추었다. 그렇기에 춤은 늘 인간의 감정과 느낌을 표현했으며, 몸과 감정과 마음이 일치되었다. 그리고 사회와 개인의 정체성을 나타냈다.

인간이 춤을 추는 이유 중 첫 번째로 꼽을 수 있는 것은 종교와 관련이 있다. 제정일치 사회에서 제사장은 그 부족의 번성과 평화를 위해 춤을 추었다. 무당은 영적인 신과의 통로가 되며 춤으로 인간과 하늘을 연결하였다. 춤은 현재 교회에서는 워십 댄스(몸 찬

---

● 신상미, 『인간은 왜 춤을 추는가』(이화여자대학교 출판부, 2015), pp. 463~467. 참조 요약.

양)로 행해지고 있다. 춤으로 하는 기도가 현재 교회에서 행해지고 있으며, 불교는 여러 의식에서 춤을 추고 있다. 춤을 통해 인간은 신에게 기원하고 예배를 드리고 제의를 실행했다. 고대 시대부터 현재까지 춤은 늘 종교의식의 중심에 있었다.

춤은 인간의 몸과 마음을 정화하고 치유하기도 한다. 인간은 춤을 통해 불안, 슬픔, 외로움, 괴로움 등 부정적인 감정들을 쏟아내며 몸과 마음을 정화하고 치유한다. 문학 등 다른 예술을 통해 나타나는 카타르시스가 춤에서는 더욱 강렬하게 발현될 수 있다.

인간은 단순하게 즐거움을 표현하고 즐겁기 위해서도 춤을 춘다. 관광버스 안에서 춤을 추는 사람, 잔치에서 춤을 추는 어르신, 유명 가수의 공연에서 춤을 추는 젊은이는 모두 즐거움을 표현하고 즐거움을 만끽하며 춤춘다.

인간은 사랑을 위해 춤을 추기도 한다. 인간은 사랑을 표현하거나 구애할 때 흔히 춤을 추었다. 아프리카의 어느 부족은 신랑이 신부를 얻기 위해 얼굴이나 몸에 정교한 무늬를 그리고 나뭇잎과 깃털 등으로 장식하고 괴상한 소리를 내며 춤을 추기도 한다. 우리가 아는 탱고나 삼바도 사실은 구애의 한 표현이다. 클럽에서 춤을 추는 젊은이들의 춤도 자신의 매력을 상대에게 보이기 위한 것이라 할 수 있다.

인간은 생계를 위해 춤을 추기도 한다. 중국의 기녀, 일본의 게이샤, 한국의 기생은 생계를 위해 춤을 추기도 했다. 남사당패, 집시, 스트립 걸도 모두 자신의 생존을 위해 춤춘다.

인간은 어렵고 힘든 현실을 피하려고 춤을 춘다. 〈쉘 위 댄스〉라는 영화에서도 주인공은 무기력하고 지루하고 힘든 일상에서 도피하기 위하여 춤을 선택한다. 주인공은 춤을 통해 새로운 삶을 살아가고 힘을 얻게 된다. 이렇듯 춤은 현실의 괴로움과 아픔과 슬픔을 잊게 해준다.

가장 보편적으로 인간은 생각, 이상, 신념, 감정을 표현하기 위해 춤을 춘다. 인간은 누구나 생각이나 감정을 표현하고자 하는 욕구가 있다.

인간은 자신의 정체성을 지키고 전통을 이어가기 위해 춤을 추기도 한다. 어느 시대를 막론하고 그 시대를 상징하는 문화예술이 존재한다. 이러한 문화예술은 전통이라는 이름으로 발전하기도 하고 소멸하기도 한다. 인간은 그들만의 전통을 이어가고 정체성을 드러내고자 춤을 춘다.

# 입전수수(入廛垂手), 세상 속으로 들어가다

## 시정(市井)으로 들어가다

　소를 찾는 먼 여정의 마무리다. 잃어버린 소를 찾기 위해 집을 나서고(심우, 尋牛), 소의 발자국을 발견하고(견적, 見跡), 소의 모습을 발견하고(견우, 見牛), 소의 고삐를 잡고(득우, 得牛), 잡은 소를 길들이고(목우, 牧牛), 소를 타고 집으로 돌아오고(기우귀가, 騎牛歸家), 집에 돌아와서는 소는 잊고 사람만 남고(망우존인, 忘牛存人), 소도 잊고 사람도 잊고(인우구망, 人牛俱忘), 있는 대로의 세계를 받아들이는 경지에 이르렀다(반본환원, 返本還源). 그리고 드디어 나는 세상 속으로 시정(市井)으로 나와 세상과 함께하는 경지에 왔다.
　세속의 거리로 나아가 세상 사람들에게 손을 내미는 것이다.

나만의 소[牛], 나만의 본성(本性)의 근본인 춤의 경지를 찾아 그 춤의 마루에 올라 춤도 잊고 나도 잊는 깨달음의 세계에 들어왔다. 의도하지 않아도 손을 뻗으면 춤이고, 발을 내밀면 춤이다. 그러나 이 춤을 나 혼자 안고 있으면 아무 의미가 없다. 깨닫고 혼자 산꼭대기에 좌선하고 있는 것이 무슨 의미가 있을까.

이제 나는 그 깨달음을 안고 그저 세상으로 들어간다. 인간 세상에서 멀어지는 것이 아니라 완벽하게 사람들이 사는 세상으로 돌아가는 것이다. 마침내 세상에서 나는 드러나는 존재가 아니라 그들과 하나가 되어 그들 속에서 나의 춤을 전하는 것이다.

스승도 잊고 법도 잊고 그저 나의 길을 가면서 나의 도(道)를 전한다. 옛날 중국의 포대 화상이 포대를 메고 포대 속의 물건을 세상 사람들에게 전했던 것처럼 나는 나의 춤을 세상에 전한다. 포대 화상은 맨가슴과 맨발로 장터에 나아가 진흙과 먼지로 덮였어도, 세상에 그가 가진 것을 전했다. 그의 포대에는 중생에게 줄 덕과 복이 담겨 있었다. 나는 포대 화상처럼 덕과 복을 담지는 못했으나 표주박 차고 거리로 나가 나의 춤을 전한다. 그곳이 어디라도 나는 마다하지 않고 나의 소[牛], 나의 깨달음인 춤을 전한다.

십우도(十牛圖)의 제10도 입전수수(入廛垂手)는 세상으로 들어가 세상에 깨달음을 전해주는 경지다. 『십우도송(十牛圖頌)』 입전수수의 서(序)는 다음과 같다.

柴門獨掩, 千聖不知.
埋自己之風光, 負前賢之途轍.
提瓢入市, 策杖還家.
酒肆魚行, 化令成佛.

사립문을 닫고 홀로 있으니, 천 명의 성인도 알지 못한다.
자기의 풍광을 묻어버리고, 옛 성현이 간 길도 저버린다.
표주박 들고 저자에 들어가며, 지팡이 짚고 집마다 돌아다닌다.
술집과 생선가게에도 들어가, 교화를 펼쳐 부처를 이루게 한다.

입전수수(入廛垂手)의 경지는 얻은 깨달음을 세상에 전하며 중생을 교화하는 단계다. 술집과 생선가게를 찾아다니며 부처를 이루게 도움을 주는 것이다. 수행자는 자신의 뛰어남을 자랑하지 않고, 노고도 마다하지 않으며 일할 때도 흔적을 남기려 하지 않는다. 자신의 빛남과 아름다움을 깨닫지 못한 사람들과 함께하여 각자의 빛남과 아름다움을 알아차리도록 도와주는 것이다.

　세상의 누구라도 자기만의 도가 있어 이 도를 통해 세상을 이롭게 한다. 시장에서 국밥을 파는 할머니는 맛있는 국밥을 만들어 배고픈 사람의 허기를 채워준다. 국밥은 할머니의 도다. 정육점에서 고기를 파는 아저씨는 고기를 가다듬어 세상에 공급한다. 정육은 정육점 아저씨의 도다. 그리고 보면 세상에 도가 아닌 것이 없고, 도인이 아닌 사람이 없다. 모두가 각자의 도를 가슴에 안고 살아가고 있으며, 그 도를 통해 세상을 이롭게 하는 것이다. 그러니 세상 사람들 모두 도를 품고 사는 도인이며, 사는 것이 바로 도의 실천이다. 나의 춤은 나만의 도(道)다. 내 안에 파랑새처럼 숨어있던 그 도를 찾았으니 이제 이 도를 세상에 내놓고 세상을 이롭게 해야 한다. 세상 사람 누구나 다 빛이니 나도 나만의 빛으로 세상과 조화를 이루며 세상 사람들에게 이로움이 되고자 한다. 빛을 내되 그 빛이 남에게 부담을 주어서도 안 된다. 시장 바닥에서 낮은 자세로 떡을 파는 할머니, 겸손함으로 정육을 파는 아저씨처럼 나도 이제 그들 속에서 나만의 도인 춤을 전해야 하는 단계다.

곽암 선사는 『십우도송(十牛圖頌)』에서 입전수수(入廛垂手)의 이러한 경지를 다음과 같이 적고 있다.

露胸跣足入廛來
抹土塗灰笑滿腮.
不用神仙眞秘訣
直教枯木放花開.

가슴을 풀고 맨발로 저잣거리에 들어가니
흙과 재를 뒤집어써도 얼굴에는 함박웃음이 가득.
신선의 비법 따위는 쓰지 않아도
곧바로 마른나무에 꽃이 피게 하는구나.

깨달음을 얻어 세상으로 들어온 그는 맨발로 저잣거리(시장)에 간다. 얼굴에는 흙과 회가 묻었으나 뺨에는 웃음이 있다. 신선의 신기한 비결을 사용하지 않아도 마른나무에 꽃을 피운다. 모두가 무아의 경지에 이르러 자연스럽게 이루어지는 것이다. 떠난 것은 돌아와야 완전해진다. 원은 출발한 곳으로 돌아와 완결된다. 사람이 사는 세상에서 출발한 것이라면 세상으로 다시 돌아와 그 속으로 들어가야 완전해진다.

정서홀, 〈십우도(十牛圖) 중 입전수수(入廛垂手)〉, 2024.

우리는 어디에서 출발했나. 세상에서 출발했으니 다시 세상으로 돌아온 것이다. 소를 찾아 떠나는 긴 노정은 자아실현의 길이며, 사랑하는 나를 바라보는 것이다. 바라본 '나'가 '사랑'임을 믿는 것이다. 그 사랑이 '춤'임을 아는 것이고, 그 '춤'이 나의 '본성(本性)'임을 아는 것이다.

다음 그림은 필자의 심화도(尋花圖) 중 제10도 입전수수(入廛垂手)이다.

이유나, 〈심화도(尋花圖) 중 입전수수(入廛垂手) ― 함께 물들어가는 꽃세상〉, 2024.

세상에 돌아오니 우리는 모두 각자의 꽃을 가꾸고 있다. 그런 세상에 나는 또 하나의 향기로운 꽃이 되어 다른 꽃들과 어울린다. 세상의 꽃들과 하나로 닿아 울리는 꽃 울림을 통해 세상은 꽃으로 물들어 간다. 그리고 우리는 영원한 생명을 얻는다.

노자의 『도덕경』 제4장은 도의 본질인 '텅 빔'과 '화광동진(和光同塵)'에 관하여 말한다.

道沖而用之

或不盈

淵兮

似萬物之宗

挫其銳

解其粉

和其光

同其塵

湛兮

似或存

吾不知誰之子

象帝之先

도(道)는 텅 비어 있어 그 쓰임에
항상 차고 넘치지 않는다.
그 심연과 같은 깊음이여!
우주 만물의 근원과 같구나.
그 날카로움을 무디게 하여
얽힌 것을 풀어주고

그 빛을 감추어

먼지와 하나가 된다.

그 깊고 고요함이여!

영원한 존재 같구나.

나는 그가 누구의 아들인지 모르는데

어쩌면 하느님보다 먼저인 것 같다. •

    나는 『도덕경』 56장에서 "화기광(和其光), 동기진(同其塵)"이라는 말을 읽으며 생각한다. 여기서 유래한 '화광동진(和光同塵)'이라는 말은 빛을 부드럽게 하여 세상의 티끌과 하나가 된다는 말이다. 화(和)는 조화(harmony)를 의미하고, 광(光)은 빛남(brightness)을 뜻한다. 동(同)은 함께한다(together)는 뜻이고, 진(塵)은 세속(世俗, common customs)을 말한다. 자신의 총명함과 깨달음과 빛남으로 세상 사람과 더불어 물들어 가는 것이다.

    이 말은 "진짜 빛은 화려하게 빛나지 않는다"라는 '진광불휘(眞光不輝)'라는 말과도 의미가 일치한다. 세상에서 깨달음과 본성을 찾은 이후로 스스로의 지혜와 덕으로 세상 사람과 어울리며 각자의 빛을 포용하는 것이다. 그리고 그 지혜와 덕을 주변 사람들을 위해 베푸는 경지다. 이러한 '화광동진(和光同塵)'의 태도는 겸손한 태도로 자신의 능력과 지혜를 부드럽게 하여 퍼뜨리고, 깨달음을

---

• 편상범, 『나를 찾는 도덕경』(황금비, 2022), p. 66.

자랑하지 않고 세상 사람들과 함께하는 것이다.

'도(道)'를 아는 사람은 말이 없다고 했다.● 현묘(玄妙)하게 티끌과 모든 사람과 함께하는 것을 '현동(玄同)'이라 하니 이 또한 같은 말이다. 이는 『도덕경』 첫 장의 '도가도 비상도 명가명 비상명(道可道 非常道 名可名 非常名)'이라는 말의 의미와도 같다.

이 경지는 모든 것을 다 갖고도 그것을 겉으로 드러내지 않는 것이다. 불교에서도 부처나 보살이 중생의 제도를 위해 깨달음을 감추고 세상으로 나아가 그들과 어울리고 그들을 위해 헌신하는 것을 말한다.

늘 자신이 옳다고 생각하고 자신의 결정을 강요하는 사람들은 대개 많이 배운 사람이다. 다른 사람은 수준이 낮다고 생각하고, 오로지 자신만의 판단이 옳다고 주장한다. 그러나 '화광동진(和光同塵)'은 자신의 빛나는 광채를 각자 빛나는 세상 사람의 빛과 함께하는 것이다.

물이 지극히 맑으면 고기가 없고, 사람이 주위를 너무 살피면 무리가 따르지 않는 법이다. 『명심보감』에 나오는 말이다. 공정해야 밝은 지혜가 생기고 청렴해야 위엄이 생긴다고 『채근담』은 말한다. '청렴결백하고 아량이 있는' 것이 바로 '화광동진(和光同塵)'이다.

포용은 호랑이처럼 무섭게 호령하는 것이 아니다. 잘난 체하며 자신의 주장을 밀어붙이면 세상은 그를 두려워하고 어려워할 뿐

● 知者不言, 言者不知. 『도덕경』 56장.

이다. 자세를 낮추어 그들 속으로 들어가야 한다.

불교에서는 이러한 마음을 '하심(下心)'이라 한다. '하심'은 잘난 체하고 싶은 자신의 마음과 몸을 낮추고 상대방을 존중하는 마음을 말한다. 마음을 저 아래에 두고 몸도 아래에 두어야 하는 경지가 바로 '화광동진(和光同塵)'이다.

나는 절에서 108배를 하는 모습을 많이 보았다. 절을 하는 것은 '하심(下心)'을 얻기 위함이다. 마음을 낮게 하는 수행이다.

『금강경』에 "응무소주이생기심(應無所住而生其心)"이란 구절이 있다. 이는 "마음이 어떤 곳에도 머물지 않고 자유롭게 펼치는 것"을 의미한다. '머무는 바 없는 상태'는 어떤 상태일까. 이 상태는 바로 내가 있으며 순수한 본성이 있는 경지다. 어떤 것에도 집착하지 않고 어떤 것에도 욕심내지 않아 자기가 무한하게 되는 경지다.

『중용(中庸)』은 화이불류(和而不流)에 대하여 다음과 같이 언급한다.

故君子和而不流, 強哉矯!
中立而不倚, 強哉矯!
國有道, 不變塞焉, 強哉矯!
國無道, 至死不變, 強哉矯!●

---

● 『中庸』, 10장.

그러므로 군자가 화합하면서도[和=義=이웃 사랑의 느낌=
신의 섭리] 이리저리 흔들리지 않으니[不流=내 몸 사랑의 논리
(禮)가 바로 섬] 강하도다, 올바름이여! 느낌[中=未發之中=豫
知]이 바로 서서[立] 기울어지지 않으니[不倚=몸이 몸다우니(천
자다우니)] 강하도다, 올바름이여!●

『중용』에서 군자의 강함을 말하기를 화합하면서도 흔들리지
않기에 강하고 올바르다고 한다. 이것이 화이불류(和而不流)의 경
지다. 이 화이불류(和而不流)의 경지가 바로 도교의 화광동진(和光
同塵)이다. 기독교로 말하면 "왼손으로 준 것을 오른손이 모르게 하
라"라는 예수의 가르침이다. 월정사에 계시던 탄허(呑虛) 큰스님이
늘 "세상의 모든 일에 화이부동(和而不同)하고, 화이불류(和而不流)
하며, 화광동진(和光同塵)하라"를 강조하신 것도 모두 깨달음을 얻
는 자는 늘 겸손하고 화합하며 세상에서 조화롭게 살아야 한다는
것이다.


## 나만의 삼락(三樂)

참으로 먼 길을 돌아 본향에 돌아왔다. 이제 세상으로 다시

---

● 조중빈, 『자동중용』(부크크, 2023), p. 132.

들어간다. 나에게 입전(入廛)은 어디이며 수수(垂手)는 어떻게 하는 것일까.

나는 과감하게 결정했다. 세상으로 들어가는 나만의 저잣거리는 바로 충남 부여다. 가족과 상의하고 집을 마련하고 일이 참 많았다. 다행히 가족들이 나의 부여행을 찬성했다. 배우고 익힌 나만의 소, 나만의 깨달음을 이제는 세상으로 내놓아야 한다.

이 춤을 내가 안고 가면 무슨 의미가 있나. 스승님이 우리에게 남겼듯 나도 춤을 세상에 남겨야 한다. 춤을 통해 사람들이 즐거워하고 기뻐하고 함께 즐기는 세상을 만들고 싶다.

부여군평생교육센터에 춤 강좌를 열었다. 아직은 무용이 익숙하지 않은 곳이지만, 의외로 많은 분이 관심을 가지고 참여해 주었다. 일주일에 한 번이지만 나는 그들과 함께 땀 흘리며 춤을 가르쳤다.

공자는 군자의 삼락(三樂)*을 이야기했다. "학이시습지 불역열호(子曰 學而時習之 不亦說(悅)乎)", 배우고 그것을 때때로(항상) 익히면 기쁘지 않겠는가. 나는 그동안 배우고 그것을 때때로 익혔으니 참 즐겁게 살았구나. "유붕 자원방래 불역낙호(有朋 自遠方來 不亦樂乎)", 벗이 있어 멀리서 나를 찾아오니 즐겁지 않겠는가. 친구들이 내가 있는 곳에 나를 보고 싶다고 찾아오니 참으로 즐겁다. "인부지이 불온 불역군자호(人不知而 不慍 不亦君子乎)", 세상 사람들이

---

● 『論語』, 「學而」.

나를 인정해 주지 않아도 화내지 않는다면 군자가 아니겠는가. 나는 누가 나를 알아주지 않아도 이제 세상에 화내지 않고 살아가니 군자의 삶을 살아온 것이다.

거기에 『맹자(孟子)』의 「진심(盡心)」편(篇)에 나오는 삼락(三樂)•은 또 다른 면에서 나를 기쁘게 한다. "부모구존 형제무고 일락야(父母俱存 兄弟無故 一樂也)", 부모님이 모두 생존해 계시니 첫 번째 즐거움이다. 나는 부모님이 모두 생존해 계시니 첫 즐거움을 누리고 있다. "앙불괴어천 부부작어인 이락야(仰不愧於天 俯不怍於人 二樂也)", 하늘을 우러러 부끄럽지 않고 땅을 굽어보아 사람들에게 부끄럽지 않으니 두 번째 즐거움이다. 세상에 서기에 부끄럽지 않게 살고 있기에 이것으로 두 번째 즐거움을 누리고 있다. "득천하영재이교육지 삼락야(得天下英才而敎育之 三樂也)", 천하에 재주 많은 이를 얻어 이들을 가르치는 것이 그 세 번째 즐거움이다.

그런데 나는 이 세 번째 즐거움이 이리도 클 줄 몰랐다. 이제야 우리를 그토록 열심히 가르쳐주시던 스승님의 마음을 조금이라도 이해할 수 있을 것 같다. 나의 깨달음인 나의 춤을 제자들에게 전해주는 즐거움은 이루 말로 다 할 수 없다.

나는 이제야 내가 춤을 추는 이유 중 하나를 깨달았다. 거창하게 이유를 들지 않아도 그저 내가 깨달은 춤을 제자들과 함께 공유하는 것만으로도 내가 춤을 추는 이유로 부족하지 않음을 알게

---

• 『孟子』, 「盡心 上」.

되었다. 내가 깨달은 것을 내가 가지고 저세상으로 떠난다면 아무런 의미가 없다. 이제 집에 돌아왔기에 나의 소, 나의 본성, 나의 '깨달음'을 주위 사람들과 함께 나누는 것이다.

세상 사람들과 함께 즐거움과 기쁨과 깨달음을 나눌 수 있는 공간을 갖고 싶었다. 그래서 좋은 사람을 만나 공부하고, 그들과 즐겁게 어울리고, 함께 풍류를 나눌 수 있는 공간을 만들기로 하였다.

나는 이 공간을 통해 우리나라의 사랑방 문화를 알리고 싶었다. 이곳에서 우리의 악(樂), 가(歌), 무(舞)가 펼쳐지기를 고대한다. 이 공간이 어르고 달래고 풀어내어 서로의 안녕을 기원하는 공간이 되기를 희망한다.

그러던 중 내가 그토록 찾던 공간을 보았다. 바로 내가 꿈꾸던 그런 공간이었다. 백제의 향기를 그대로 지닌 부소산이 정원처럼 보이는 곳에 작은 공간을 갖게 되었다. 바로 '복합문화공간 부여유'다. '부여유'는 여러 의미가 있는 단어다. "부여유~(부여입니다)"라는 충청도 특유의 어미를 살린 것이기도 하고, 부여의 당신(You), 부(富)와 여유(餘裕), 부여에서 놀자[遊] 등의 의미를 담은 말이다.

그런데 이 공간 이름보다도 나는 '복합문화공간'이라는 단어에 더 의미를 둔다. 이 공간을 우리 선조들이 풍류를 즐기던 사랑방처럼 만들고 싶었다. 함께 모여 춤과 노래와 시 낭송과 연주를 하며 즐기는 곳을 만들고 싶었다. 이 공간을 만들고 '이유나의 풍류마루' 공연을 여러 차례 했다. 많은 분이 함께 모여 웃으며 즐거움을 나눈다.

나는 다시 즐거움에 관하여 생각한다. 공자, 맹자가 말하는 인생의 삼락(三樂)보다 추사 김정희의 삼락(三樂)이 와 닿는 요즘이다. 추사의 삼락(三樂)은 '일독, 이색, 삼주(一讀, 二色, 三酒)'다. 내 멋대로 해석하기를 '일독(一讀)은 공부하기를 좋아함이요, 이색(二色)은 좋은 사람들과 어울리는 것이요, 삼주(三酒)는 풍류를 함께 나누는 것'이다. 이 삼락(三樂)에 나는 하나의 즐거움을 더하고 싶다.

나의 삼락(三樂)은 추사의 삼락(三樂)인 독(讀), 색(色), 주(酒)에 여(與)를 더한다. 여(與)는 주고 베풀고 돕고 따르고 좋아한다는 의미가 있다. 그러니 열심히 공부하고 사람을 좋아하고 풍류를 함께 나누는 것에 더해 주위 사람들과 함께하며 그들과 더불어 베풀고 돕고 따르며 좋아하고 싶은 것이다.

이제야 내 것을 세상에 내놓고 나누는 나의 입전수수(入鄽垂手)가 시작된 것이다. 이 공간이 비록 작고, 내미는 내 손[垂手]이 비록 약하다고 하지만 이것이 나의 일이다.

혼자 춤을 추던 어느 날, 스승님이 더 보고 싶어진다. 스승님의 손짓, 발짓, 장삼 자락이 보고 싶어진다. 그날 나는 「승무」*라는 시 한 편을 썼다.

    무엇을 털어내기 위함인가
    펄럭이는 장삼 자락 감고 휘감아도

---

● 한국문인협회 부여지부, 『사비문학』 제36호(다래헌, 2022), p. 86.

맺혔다 스르르 풀어지는 기운이여


사람을 만들고 살리신 그 뜻이

어깨로 닿아

땅으로 내려왔구나


고깔 속 땀방울 기도로 흘러

세월(歲月) 깊은 먹장삼에

달을 씻은 흰 장삼이야


네가 길다 하여 이생을 길다고 말할 수 있을까


훌연한 기개로 솟구치어

하늘 끝에 와닿은

임을 바라본다.


    나는 오늘도 팔을 펼치고 발을 디디며 춤을 춘다. 춤은 나의 소[牛]다. 춤이 나의 본향이며 본성이다. 나는 왜 춤을 출까. 이 물음에 정답은 없으나 나는 내 춤으로 세상과 소통하고 기쁘게 즐거움을 나눈다. 춤은 추어 올라 닿아 미치는 것이다. 춤은 나이며 영원한 생명이다.

## 춤을 나누다

이제 나의 소를 찾아 나섰던 긴 여행은 끝이 났다. 나는 소의 흔적을 발견하고, 소를 보고, 소를 얻고, 소를 길들이고, 소와 함께 집으로 돌아오고, 소를 잊고 사람만 남았다가 소와 사람을 다 잊고, 최초의 자리로 돌아와서 시장으로 들어가 손을 내민다.

내가 얻는 깨달음, 나의 소, 나의 본성인 춤을 포대에 담아 세상 사람들과 나누고자 한다. 이것이 내가 세상과 소통하는 것이며, '홍익인간'이라는 거창한 목표는 아닐지라도 내가 가진 것으로 내 주변과 세상을 이롭게 하는 것이다. 춤을 전문적으로 추는 사람의 춤도 아름다우나 춤을 전문적으로 배우지 않은 사람의 춤도 충분히 여러 의미가 있다. 인간은 다양한 의미로 춤추는 것을 우리는 알고 있다.

언젠가 중국에 갔을 때 공원에서 태극권을 하는 일반 시민을 보고 충격을 받은 일이 있다. 각자 편한 복장으로 공원에 모여 태극권을 하는 모습은 아름다웠고 부러웠다. 우리도 저런 태극권과 같은 체조, 춤, 무술을 가질 수 없을까 늘 고민해 왔다. 그러다가 나만의 '몸 다스림'을 만들었다. '몸 다스림'은 누구나 쉽게 따라 할 수 있는 동작들로 우리 춤, 곧 한국무용 춤사위를 토대로 만든 일종의 춤 체조다.

이 몸 다스림은 마음 다스림과 숨 고름을 통해 잡다한 생각에서 벗어나 몸과 마음을 편안하게 쉬게 하고, 감성을 자극하는 감정

표현의 몸짓으로 즐겁고 행복한 삶을 누릴 수 있게 한다.

이 몸 다스림은 모두 10단계로 이루어져 있다. 몸 다스림을 통하여 몸과 마음이 고른 상태를 유지할 수 있게 되고 스트레스 해소, 우울증 극복, 치매 예방, 균형 감각 증진, 근육 단련 등의 효과를 기대할 수 있다. 이러한 일반적인 효과에 더하여 춤을 통해 나를 알게 되고, 나를 깨닫게 되는 효과가 있다. 몸 다스림은 눈을 감고 나의 감각을 밖이 아닌 안으로 향하게 하고, 내 안을 향하는 감각으로 나를 온전히 들여다본다. 이렇게 몸을 살피며 몸 다스림을 하면, 나는 아름다운 존재이고 소중한 존재임을 깨달아 나를 사랑하는 마음이 온몸에 가득하게 된다.

몸 다스림은 꽃이 피고 지는 과정을 겪은 후에 열매를 세상에 퍼뜨리는 것으로 마무리된다. 이러한 10단계의 몸 다스림은 자연의 순리에 따라 꽃의 일생을 그린 것이지만, 모든 생명체의 일생을 그린 것이기도 하다.

각각의 단계는 '씨뿌리기 → 싹틔우기 → 새잎나기 → 가지뻗기 → 꽃눈뜨기 → 꽃잎열기 → 활짝피기 → 꽃잎지기 → 열매맺기 → 퍼뜨리기'다.

몸 다스림은 '내 몸 들여다보기'로 시작하고, '숨 고르기'로 마무리한다. '내 몸 들여다보기'는 눈을 감고 명상과 함께 내 몸에 집중한다. 들숨에 팔을 벌리고 날숨에 벌린 팔이 몸으로 들어온다. 아주 느리고 작게 시작하여 점점 크게 '여밈사위'로 몸의 앞과 뒤를

팔로 감는 동작이다. 몸에서 팔이 들숨과 함께 벌어져 나갔다가 다시 들어올 때는 날숨에 손의 위치가 반대로 바뀌어 들어온다. 마지막에는 모든 동작을 마치고 기지개 켜듯 하늘로 양팔을 들어 올렸다가 천천히 숨을 고르고 바르게 내려오며 동작이 마무리된다.

몸 다스림은 언제 어디서든지 어떤 복장으로든 동작을 할 수 있다. 혼자 해도 되고 같이하면 더욱 좋다. 시간 여유가 있을 때는 각 단계의 동작을 상하(上下), 좌우(左右)로 반복해도 되고, 시간이 없을 때는 좌우만 반복해도 된다. 큰 공간이 필요하지 않기에 어느 곳에서도 가능하다. 이 10단계의 동작을 이어서 하면 효과적이지만, 각각의 단계를 상황에 따라 실시해도 된다.

몸 다스림 10단계의 동작 중 1번은 **'씨뿌리기'**다. 생명 탄생이 시작되는 것이다.

몸 다스림 '씨뿌리기'●

'씨뿌리기' 동작은 한 손은 허리에 두고, 한 손은 씨뿌리는 동작처럼 손바닥이 단전에서 시작하여 기를 모아 땅을 향해 씨를 심듯 뿌리는 것이다. 이 동작을 전후(前後), 상하(上下), 좌우(左右)로 반복하여 실시한다.

'씨뿌리기'는 생명 탄생의 시작으로 땅을 위한 기도이며 잉태를 통한 번성을 기원한다. 본래면목(本來面目)을 찾기 위한 시작이며 생명 탄생을 위한 기원이다. 설레는 마음으로 정성을 다해 씨를 뿌린다. 몸 다스림의 시작으로 초심을 잃지 않아야 한다는 뜻을 담아 생명에 숨을 불어넣는 의미를 지닌다.

---

● 몸 다스림 10단계의 춤 체조 사진은 필자의 실연(實演)이다.

몸 다스림 10단계의 동작 중 2번은 '**싹틔우기**'다. 땅에 뿌린 꽃씨에서 싹이 트는 것이다.

몸 다스림 '싹틔우기'

'싹틔우기' 동작은 손을 머리로 올리고 팔꿈치를 접어 두 손바닥에 기를 모아 머리를 감싸 안는 동작이다. 이 동작은 무릎의 굴신을 이용하여 할 수도 있고 무릎이 불편한 사람은 그냥 선 채로 해도 된다. 이 동작을 전후(前後), 상하(上下), 좌우(左右)로 반복하여 실시한다.

'싹틔우기'는 뿌린 꽃씨에서 싹이 트는 것으로 사랑스럽게 싹이 터서 올라오는 의미를 담고 있다. 이것은 생명 탄생의 신비감과 기쁨을 마음에 담아 동작한다. 단단한 꽃씨의 껍질을 벗고 새로운 번성과 꽃피우기를 위해 희망을 가득 담은 기원을 하는 마음으로 동작한다.

몸 다스림 10단계의 동작 중 3번은 **'새잎나기'**로 땅에 뿌린 꽃씨에서 새잎이 나는 것을 표현한 것이다.

몸 다스림 '새잎나기'

'새잎나기' 동작은 양팔을 아래로 뻗어 한 손은 손바닥, 한 손은 손등으로 차례로 너울거린다. 이 동작은 바람에 살랑살랑 나부끼는 나뭇잎같이 손등과 손바닥을 차례로 교차하면서 새잎이 나는 모습을 동작으로 나타낸다. 이 동작을 전후(前後), 상하(上下), 좌우(左右)로 반복하여 실시한다.

'새잎나기'는 꽃씨의 싹이 터 새잎이 나는 것으로 생명의 기운이 차오르는 것을 느끼며 몸의 새로운 출발을 기원하는 것이다. 이 단계에서는 기운이 몸 안에서부터 흘러나오면서 서서히 기운을 찾는다.

몸 다스림 10단계의 동작 중 4번은 **'가지뻗기'**다. 새잎이 난 꽃나무에서 가지가 뻗는 모양을 그린 것이다.

몸 다스림 '가지뻗기'

'가지뻗기'는 팔을 사선으로 뻗어 힘차게 펼친다. 펼치는 동작에서 몸 안으로부터 손끝까지 기운을 넣는다. 이 동작을 전후(前後), 상하(上下), 좌우(左右)로 반복하여 실시한다.

'가지뻗기'는 싹이 터서 새잎이 난 꽃나무가 힘차게 쭉쭉 뻗어 오르는 기상을 표현한 것이다. 당당하게 세상에 자신을 드러내는 힘찬 모습을 그리고 있다. 이러한 자세를 이용하여 몸의 균형을 유지하며 중용의 아름다움을 표현하고 몸을 다스린다.

몸 다스림 10단계의 동작 중 5번은 **'꽃눈뜨기'**다. 꽃씨가 싹이 트고 새잎이 난 후에 가지가 뻗고 드디어 꽃눈이 뜨는 것을 그린 것이다.

몸 다스림 '꽃눈뜨기'

'꽃눈뜨기'는 손목을 교차시키고 앞으로 모아 엎는 동작이다. 손목과 손목을 연결하여 기운을 모으고 순환하는 모습을 표현한 것이다. 이 동작을 전후(前後), 상하(上下), 좌우(左右)로 반복하여 실시한다.

'꽃눈뜨기'는 꽃이 눈을 뜨며 새로운 세상을 보는 것을 의미한다. 이러한 꽃눈의 각성으로 나의 내부에 변화를 꿈꾸는 기운이 가득하게 되고, 새롭게 살아있음을 알아차리게 된다.

몸 다스림 10단계의 동작 중 6번은 **'꽃잎열기'**다. 눈을 뜬 꽃이 드디어 그 꽃잎을 열고 세상을 바라보는 것을 그린 것이다. 꽃씨가 싹이 트고 새잎이 난 후에 가지가 뻗고 드디어 꽃잎이 열리는 것을 표현한 것이다.

몸 다스림 '꽃잎열기'

'꽃잎열기'는 손바닥을 마주 모았다가 벌리며 한 손은 위, 한 손은 살짝 아래를 향한다. 또는 한 손은 머리 위, 한 손은 가슴 앞에서 차례로 벌어진다. 이 동작을 전후(前後), 상하(上下), 좌우(左右)로 반복하여 실시한다.

'꽃잎열기'는 새로운 생명이 세상을 향해 나옴을 의미한다. 꽃잎이 활짝 피기 위해 한 잎 한 잎 조심스럽게 꽃잎이 열린다. 그러면서 성숙한 영혼의 존재를 느끼는 단계다. 꽃 스스로 존재의 의미를 알게 되며 자신의 귀함을 알아차린다. 이 동작을 통해 모아두었던 기운이 세상을 향해 조금씩 터지는 것을 알게 된다.

몸 다스림 10단계의 동작 중 7번은 **'활짝피기'**다. 열린 꽃잎이 드디어 활짝 피어 세상에 모습을 나타내는 것을 그린 것이다.

몸 다스림 '활짝피기'

'활짝피기'는 양손 끝이 겨드랑이를 지나 위로 뿌려지거나 몸을 감은 팔이 위를 향해 재빠르게 활짝 펼쳐지는 동작이다. 이 동작을 전후(前後), 상하(上下), 좌우(左右)로 반복하여 실시한다.

'활짝피기'는 우주의 기운이 꽃을 활짝 피워 아름다움의 절정에 달함을 의미한다. 이에 따라 몸의 기운도 함께 피어난다. 이 동작은 우주와 생명의 길흉화복을 주관하는 신에 대한 경배를 의미하기도 한다. 가장 아름답고 빛나는 때를 의미하는 화양연화(花樣年華)이기도 하며, 이 동작을 통해 카타르시스를 느낄 수 있다.

몸 다스림 10단계의 동작 중 8번은 **'꽃잎지기'**다. 활짝 피었던 꽃잎이 지며 새로운 생명의 잉태를 준비하는 것을 그린 것이다.

몸 다스림 '꽃잎지기'

'꽃잎지기'는 한 손은 머리 위로 메고 한 손은 아래로 하여 손바닥이 땅을 향해 내려오는 동작으로 하늘을 향했던 기운을 아래로 내리며 땅의 기운을 느끼는 동작이다. 이 동작을 전후(前後), 상하(上下), 좌우(左右)로 반복하여 실시한다.

'꽃잎지기'는 절정의 아름다움을 보내고 다음의 인연을 위해 떠나는 것을 의미한다. 그러나 떠나는 것은 단순한 이별이 아니라 새로운 생명의 탄생을 위한 이별이라는 것을 깨닫는다. 떠나야 할 때가 언제인지 아는 사람의 뒷모습이 아름다운 것을 알게 해준다.

몸 다스림 10단계의 동작 중 9번은 '**열매 맺기**'다. 활짝 피었던 꽃잎이 지며 새로운 생명을 잉태하는 것을 그린 것이다.

몸 다스림 '열매맺기'

'열매맺기'는 한 손은 머리 위로, 한 손은 허리 뒤로 들어오는 동작이다. 이 동작으로 우주의 기운이 몸을 향해 들어오는 것을 의식한다. 이 동작을 전후(前後), 상하(上下), 좌우(左右)로 반복하여 실시한다.

'열매맺기'는 꽃잎이 진 후 다음 세상을 준비하는 열매를 통해 다시 태어남을 의미한다. 꽃잎이 지며 세상의 것들과 이별하는 슬픔을 겪지만, 열매 맺는 기쁨을 알게 된다. 음과 양의 조화를 이루며 우리가 추구하는 이상향에 도달하는 것이다. 세상의 모든 것은 하나의 법이 되어 돌아간다. 몸 다스림으로 얻은 기운을 내 안에 가득 채우는 것을 의미한다.

몸 다스림 10단계 동작 중 마지막은 '**퍼뜨리기**'다. 심은 꽃씨가 활짝 꽃을 피우고, 그 꽃이 지며 맺은 열매를 세상에 퍼뜨리는 것을 그린 것이다.

몸 다스림 '퍼뜨리기'

'퍼뜨리기'는 몸을 향한 팔이 제자리에서 돌아 위아래로 뻗으며 일순간 힘 있게 멈추는 동작이다. 이 동작은 몸 안에 채운 기운을 다시 세상을 향해 보내는 것을 의미한다. 이 동작을 전후(前後), 상하(上下), 좌우(左右)로 반복하여 실시한다.

'퍼뜨리기'는 자기완성을 이룬 후 자신이 가진 기운을 세상과 나누는 것을 의미한다. 자신의 빛남과 깨닫고 이룩한 것을 세상에 전하는 것이다. 퍼뜨려진 꽃씨는 세상에 퍼져 온통 꽃밭을 이룬다. 꽃은 꽃씨를 세상에 퍼뜨려 영원한 생명을 얻게 되며, 진정한 자기완성으로 본향에 도달하게 되는 것이다.

이러한 10단계의 몸 다스림은 모든 동작을 전후(前後), 상하(上下), 좌우(左右)로 움직이며 할 수 있으며 몸의 굴신, 시선, 몸 방향, 팔의 위치 등에 따라 다양한 동작의 변형이 가능하다. 발디딤과 함께 이동할 수 있고 뛰거나 돌면서도 춤사위를 할 수 있으며, 시간과 장소에 따라 몸 다스림의 시간 조절도 가능하다.

ⓒ김국환

거기에는 한 그루 나무가 서 있었고, 나뭇가지에 걸린 흰 천 자락이 나부꼈다. 나는 그 천 자락이 보자기임을 알았다. 그것은 내가 어릴 적부터 가지고 놀던 바로 그 보자기였다. 그 보자기를 보자 춤추고 싶었다. 가던 걸음을 멈추고는 다리를 뒤돌아왔다. 나무 앞에 서서 손을 뻗었다. 나뭇가지에서 나풀거리던 보자기가 내 손에 들어온다. 나는 다섯 살 아이가 되어 보자기를 하늘로 던진다. 보자기는 하늘을 향해 힘껏 날아오르고, 나도 함께 하늘로 날아오른다. 그러고 나는 긴 잠에서 깨어났다. 모두 긴 꿈이었다.

ⓒ김국환

### 나오며

　죽음의 깊은 수렁에 빠졌을 때 나를 그 수렁에서 건진 것이 바로 춤이었다. 화려함의 절정에서 스스로 목을 베고 지상으로 떨어져 다시 아름답게 피어난 그 낙화처럼 나는 다시 춤으로 살아나 꽃피었다.
　춤은 나의 소, 나의 본성, 나의 본향이자 내 모든 삶의 목표였다. 춤이 무엇이기에 그토록 춤에 빠져 춤을 추게 되었고, 춤 덕분에 죽음의 나락에서 다시 살아날 수 있었을까. 그래서 나는 나에게 물었다. '나는 왜 춤을 추는가.' 나는 이 물음에 답을 찾기 위해 길을 나섰다. 동자가 본성이라는 소를 찾기 위해 길을 떠난 것처럼 나도 나만의 이상향을 찾아 나선 것이다.
　춤은 나의 소를 찾는 긴 여정이었다. 내가 찾아가는 그곳에 본성(本性), 본향(本鄉), '참나', 성불(成佛), 구원, 등선(登仙)이 있는지는 문제가 되지 않는다. 조중빈의 『자명대학(自明大學)』에 나온 "나답게 살고 싶은 마음이 절실하니 마음의 생각이 몸을 떠나지 않는다. 마음의 생각이 몸을 떠나지 않으니 나다운 내가 지켜진다"라는 말을 따라 나도 나답게 살고 싶은 절실함으로 길을 떠난 것이다.

나를 죽음으로 몰고 간 것도 춤이었고, 그 죽음에서 나를 살린 것도 춤이었다. 적어도 이번 생에서 춤은 내 전부다. 동자가 소를 찾아 나선 것처럼 나도 나의 소인 춤을 찾아 나선 것이다.

동자는 그만의 소를 찾아 나섰다.

심우(尋牛), 동자가 소를 찾아 나섰다. 나도 동자가 되어 소를 찾아 나섰다. 나에게 소는 무엇인가. 소는 나의 마음이고, 내 생의 목표인 춤의 마루에 서는 것이다. 나는 소를 잃었음을 알았기에 소를 찾기로 한 것이다. 나의 본성을 찾아 나선다. 어린 시절 보자기를 하늘로 던지며 춤을 추던 내가 소를 찾기로 결심한 것이다.

견적(見跡), 동자가 소의 발자국을 발견했다. 나도 동자가 되어 내 소인 춤의 발자국을 발견했다. 아직은 춤을 제대로 모르지만, 나는 춤을 내 생의 목표로 삼고 춤의 그림자를 보았다. 이제 그 길이 보인다. 대학에서 무용을 전공하게 되고, 길을 걸으면서도 손짓과 발짓이 절로 춤이 되는 것을 느꼈다. 내가 나를 사랑하게 되는 것을 알게 되었다.

견우(見牛), 동자가 소를 발견했다. 동자가 소를 발견한 것은 전체를 다 발견한 것은 아니나 참된 나를 보기 시작한 것이다. 나는 평생 춤을 통해 나의 소를 발견하고자 결심하고 춤의 길로 매진한 것이다. 그러면서 나는 나의 소인 이수자의 길을 발견하고 춤의 길로 용맹정진한다.

득우(得牛), 동자가 소를 얻었다. 얻은 소는 보기만 할 것이 아니라 고삐를 단단하게 잡아야 한다. 그래야 잡은 소가 달아나지 않는다. 나도 나의 소를 잡았다. 그토록 꿈꾸던 이수자가 된 것이다. 이제 이수자가 되었으니 이수자다운 진정한 나의 소가 되어야 한다.

목우(牧牛), 동자가 소를 기른다. 끊임없는 수행과 노력은 나다운 나를 계속해서 드러내는 과정이다. 나의 소를 얻었으니 나다운 나를 지키기 위한 몸부림은 계속될 것이다.

기우귀가(騎牛歸家), 동자가 소를 타고 집으로 돌아온다. 소는 이미 길들어 있기에 고삐도 채찍도 필요 없다. 그냥 타고 가는 것이다. 아무런 생각도 들지 않고 갈등도 모두 사라졌다. 내 춤도 이제는 갈등과 고민이 모두 사라진 상태다. 그저 맹렬하게 활동하며 나의 본향으로 돌아오는 것이다.

망우존인(忘牛存人), 동자가 소를 잊고 사람만 남았다. 동자는 본래의 자아로 돌아가 방편인 소를 잊은 것이다. 그러나 나는 스승을 하늘나라로 떠나보냈다. 내 춤의 아버지, 내 영혼의 아버지인 내 스승을 불의의 사고로 보내고 한없이 슬프고 힘들었다. 그렇다고 언제까지 슬퍼만 할 수 없었기에 나도 스승을 잊고 영혼의 성숙을 이루어야 했다.

인우구망(人牛俱忘), 동자가 사람도 소도 모두 헛됨을 깨닫고, 사람도 소도 모두 잊는다. '내가 누구인지'라는 의식조차 사라지는 자연의 상태가 된다. 나는 의도하지 않았으나 병으로 기이한 모습이 된 낯선 나와 본래의 모습으로 돌아가고 싶은 욕망의 나, 잊음과 잃음으로 고통의 나락에 빠진 잃어버린 소도 내 모습이며, 그것마저 잊고 싶은 것도 내 욕망이다. 춤도 나도 잊고 그저 몸짓이 춤이 되고, 춤이 몸짓이 되었다.

반본환원(返本環源), 동자가 있는 대로의 세계를 알게 된다. 원래 있는 그대로가 참된 지혜임을 알게 되며 나로서 하나가 된다. 죽음과도 같은 병에서 다시 살아나 원래의 모습으로 돌아온 나는 있는 그대로의 내 모습이 참된 나임을 알게 된다.

입전수수(入廛垂手), 동자가 시장 안으로 들어가 손을 내밀어 중생을 제도한다. 각자의 빛남과 아름다움을 알아차리는 깨달음을 전하는 것이다. 나도 세상으로 돌아가 나의 빛남과 깨달음을 내 삶의 현장에서 실현하는 것이다.

인간이 춤을 추는 이유는 많다. 인간은 태초부터 지금까지 시간과 장소를 가리지 않고 춤을 추었다. 춤은 인간의 감정을 표현하고, 인간은 춤을 통해 몸과 마음과 감정이 편안해진다. 인간은 개인과 사회의 정체성을 나타낼 때 춤을 추었다. 춤은 인간과 하늘과 땅, 인간과 신을 연결하는 통로이기에 종교의식에서 늘 춤을 추었다. 인간은 춤으로 마음에 담긴 부정적인 감정을 쏟아내는 과정에서 마음을 정화하고 치유하기도 했다. 인간은 즐거워서 춤을 추고,

사랑을 위해 춤을 추기도 했다. 인간은 생계를 위해 춤을 추었고, 어려운 현실에서 벗어나고자 할 때도 춤을 추었다. 인간은 자신과 지역의 정체성을 이어가기 위해 춤을 추기도 했다. 인간이 춤을 추는 가장 보편적인 이유는 역시 생각과 감정을 표현하기 위해서다.

'나는 왜 춤을 추는가'에 관한 연구는 결국 '나'를 찾는 것이다. 이것은 나를 찾아 떠나는 여행이기에 길을 찾는 것이다. 이 길은 시작도 끝도 없는 길이며, 영원한 생명을 얻는 길이다.

나는 소를 찾아 내 집으로 돌아와 내 삶의 현장에서 '나답게' 사는 것이 행복임을 알았다. 나는 한순간도 '나답게' 살지 못하면 내 삶이 견딜 수 없다는 것도 깨달았다. 그렇기에 나는 도전하며 정진하게 되었고, 그 과정에서 아픔과 역경이 있어도 나의 길을 걸었다. 본(本)이 서면 길이 생긴다. 그런데 본은 이미 태어나면서부터 서 있었다. 그렇기에 길은 이미 나 있었다. 다만 나는 내 몸 안에 있는 그 길을 찾지 못하고 살았기에 내 안에 있는 나의 길을 '들여다보는' 것이다. 나의 길은 춤을 통해 그 길을 찾고 붙잡아 늘 내 곁에 머무르게 하는 것이다.

내가 가장 좋아하는 것을 붙잡아 내 곁에 머무르게 하는 사람이 '지혜자'다. 지혜는 늘 가장 아름다운 것에 있다.

맹자가 주창한 여민동락(與民同樂)*은 "백성과 즐거움을 함께 하는" 것이다. 백성들과 동고동락(同苦同樂)하면서 그들의 삶을 즐

---

● 『孟子』, 「梁惠王 下」.

겁고 행복하게 하는 것이다. 나도 그렇다. 온 백성은 아닐지라도 내 주위 사람들과 함께 좋은 것을 나누는 것이 나의 행복이고 즐거움이다.

조중빈은 『자명대학』에서 직성이 풀리려면 내가 하늘만큼 땅만큼 좋아야 한다고 했다. 직성은 신통방통(神通方通) 실현하고자 하는 나의 욕망을 말함이다. 이 직성을 풀기 위해 내가 춤을 최고선(最高善)으로 선택한 까닭도 춤이 하늘만큼 땅만큼 좋았기 때문이다. 직성을 푸는 것은 목표를 만들고 욕망을 표현하는 과정이라고 할 수 있다. 최선을 다해 직성이 풀릴 때까지 나는 나답게 살았기에 [修身, 守神] 나의 세상[天下]에 즐거움과 바로잡음[平]을 가지게 되었다. 나답게 사는 길은 혼자 사는 것이 아니라 두루두루 행복하게 사는 길이다.

격물치지(格物致知)는 감정의 진실을 밝히는 것이다. 격물은 감정의 자기이해로 의식적으로 노력하여 감촉을 되찾는 것이며, 치지는 격물을 통해 나답게 살고 싶은 마음이 하늘같이 살고 싶은 욕망임을 알게 되는 일이다. 나는 춤으로 나답게 살고 싶은 마음과 하늘같이 살고 싶은 욕망을 알게 되었다. 이 결과 내 몸은 그냥 그렇게 하늘의 뜻에 따라 움직이게 되는 '나답게 살기'에 성공한 것이다.

춤은 서로 다투지 않는다. 춤은 사람들을 위해 수고를 아끼지 않는다. 춤의 세계는 도의 세계다. 춤은 바르고 때를 맞추며 허물도 없다. 그러니 춤은 도(道)며, 춤은 깨달음이고, '참나'다. 나를 세상에 존재하게 한 것도 춤이고, 죽음의 나락에서 살린 것도 춤이다. 나는 춤을 추고 싶은 욕망으로 행복하게 춤을 춘다.

　나의 삶은 '나는 왜 춤을 추는가'라는 물음에 답하기 위한 것이었다. 춤은 나의 소[牛], 본향(本鄕), 이상향(理想鄕), 본성(本性)이다. 춤은 나의 종교였고, 신앙이었으며, 예배였다. 춤은 사랑이며, 나는 영원한 생명을 얻었다.

## 참고 문헌

**원전**

『論語』

『大學』

『孟子』

『中庸』

『莊子』

『道德經』

**논문**

강신국, 「대승경전에 나타난 不二사상의 불교복지이론에 관한 연구」, 동국대학교 불교대학원 석사 학위 논문, 2007.

권준택, 「지눌의 悟後修 연구」, 동국대학교 대학원 석사 학위 논문, 2016.

김동중, 「이형기 시 연구」, 한양대학교 대학원 박사 학위 논문, 2012.

김리안, 「한국 무용의 예술학적 의미와 현대적 의의 탐색」, 우석대학교 교육대학원 석사 학위 논문, 2017.

김수령, 「십우도와 정신분석학의 정신구조 비교」, 경성대학교 교육대학원 석사 학위 논문, 2005.

김수영, 「기원설로 본 승무(僧舞)」, 한양대학교 대학원 박사 학위 논문, 2017.

김재근,「맹자가 생각하는 군자」, 전주대학교 경영행정대학원 석사 학위 논문, 2019.

김종형,「韓國 佛敎 舞踊의 思想的 意味와 文化藝術的 價値 硏究」, 동국대학교 대학원 박사 학위 논문, 2003.

박수진,「승무 변천사 연구」, 신라대학교 대학원 석사 학위 논문, 2001.

배민지,「廓庵 尋牛圖의 成立過程과 圖像 硏究」, 위덕대학교 대학원 석사 학위 논문, 2016.

백원기,「심우도에 함장된 선시의 치유와 '자기실현'의 시학 연구」, 동방문화대학원대학교 박사 학위 논문, 2015.

서성원,「정재만류 승무 춤사위 연구 분석―굿거리과장을 중심으로」, 숙명여자대학교 전통문화예술대학원 석사 학위 논문, 2005.

손영미,「승무 춤사위에 내재된 공간 구성미에 관한 연구―정재만류 승무를 중심으로」, 숙명여자대학교 전통문화예술대학원 석사 학위 논문, 2004.

신주환,「오후 보림(悟後 保任) 개념의 성립과정 연구」, 동국대학교 대학원 석사 학위 논문, 2021.

오경아,「한국 전통춤의 미학에 관한 연구」, 숙명여자대학교 전통문화예술대학원 석사 학위 논문, 2005.

유지혜,「탐진치(貪瞋痴) 지멸(止滅)의 도덕교육적 의의」, 한국교육대학원 석사 학위 논문, 2010.

윤하영,「정재만류 승무에 내재된 미적 가치」, 숙명여대학교 대학원 석사 학위 논문, 2016.

이동복,「노자의 도·덕 개념에 관한 연구」, 대구한국대학교 대학원 석사 학위 논문, 2021.

채형식,「마음 치유에 선시가 미치는 영향」, 동방대학원대학교 박사 학위 논문, 2014.

최경실,「춤 표현에 대한 현상학적 고찰」, 동덕여자대학교 대학원 박사 학위 논문, 2006.

하진숙, 「풍류도와 한국예술의 근원」, 부산대학교 대학원 석사 학위 논문, 2001.

**단행본**

구희서·정병태, 『한국의 명무』, 한국일보사, 1985.

김대열, 『십우도』, 헥사곤, 2021.

김승동, 『불교사전』, 민족사, 2011.

김영기, 『한국미의 이해』, 이화여자대학교 출판부, 2004.

김월운 옮김, 『잡아함경(雜阿含經)』, 동국역경원, 1988.

백원기, 『선시의 이해와 마음치유』, 도서출판 동인, 2014.

성백효, 『현토신역 논어집주』, 한국인문고전연구소, 2013.

신상미, 『인간은 왜 춤을 추는가』, 이화여자대학교 출판부, 2015.

안병욱, 『논어 인생록』, 자유문학사, 1996.

안옥선, 『불교윤리의 현대적 이해』, 불교시대사, 2002.

드리드 윌리엄스 저, 신상미 역, 『인류학과 인간의 움직임』, 대한미디어, 2002.

이병옥, 『한국 무용민속학 개론』, 도서출판 노리, 2000.

이병옥·서승우, 『승무』, 국립문화재연구소, 1998.

이재훈 엮음, 『현대시 기획선 1』, 한국문연, 2018.

임헌규, 『논어 Ⅰ』, 모시는 사람들, 2020.

쿠르트 작스 저, 김매자 역, 『춤의 세계사』, 박영사, 1992.

장자 저, 김창환 역, 『장자』, 을유문화사, 2010.

조중빈 역·설, 『안심논어』, 국민대학교출판부, 2016.

조중빈 역·설, 『자명대학』, 부크크, 2021.

조중빈 역·설, 『자동중용』, 부크크, 2023.

조흥윤, 『한국 巫의 세계』, 민족사, 1997.

주광첸 저, 이화진 역, 『아름다움이란 무엇인가』, 쌤앤파커스, 2018.
편상범, 『나를 찾는 도덕경』, 황금비, 2022.
플라톤 저, 박희영 역, 『향연』, 문학과지성사, 2008.
한국문인협회 부여지부, 《사비문학》 제36호, 다래헌, 2022.
한자경, 『불교 철학의 전개, 인도에서 한국까지』, 예문서원, 2005.
허신 저, 하영삼 역주, 『완역 설문해자』, 도서출판3, 2022.

**인터넷 자료**

수선, 「선의 세계」, https://ksdsang0924.tistory.com/9829
  (검색일: 2024. 1. 18.)
한겨레신문, "승무 계승 '벽사' 정재만씨 별세",
  https://www.hani.co.kr/arti/society/obituary/646690.html
  (검색일: 2024. 2. 18.)
김우연 시조, https://maeksijo.tistory.com/8891101 (검색일: 2024. 2. 18.)

## 나는 왜 춤을 추는가
ⓒ 이유나

**초판 1쇄 인쇄** 2024년 9월 10일
**초판 1쇄 발행** 2024년 9월 20일

| | |
|---|---|
| **지은이** | 이유나 |
| **편집** | 이현호 |
| **펴낸곳** | 와이겔리 |
| **펴낸이** | 조동욱 |
| **등록** | 제2003-000094호 |
| **주소** | 03057 서울시 종로구 계동2길 17-13(계동) |
| **전화** | (02) 744-8846 |
| **팩스** | (02) 744-8847 |
| **이메일** | aurmi@hanmail.net |
| **블로그** | http://blog.naver.com/ybooks |
| **인스타그램** | @domabaembooks |
| **ISBN** | 978-89-94140-47-6   03810 |

\* 책값은 뒤표지에 있습니다.
\* 잘못 만들어진 책은 바꿔 드립니다.